悬索桥主缆分布传力锚固系统设计与施工

娄学全　武焕陵　崔　冰　赵灿晖　著

人民交通出版社

内 容 提 要

本书共分4章，内容包括分布传力式锚固系统总体构思及构造设计原则、锚固结构传力机理与承载力试验研究、分布传力锚固结构计算方法、锚固板制造及精确定位技术等。

本书可供桥梁设计、研究、施工技术人员及高等院校桥梁工程专业高年级本科生及研究生学习参考。

图书在版编目(CIP)数据

悬索桥主缆分布传力锚固系统设计与施工/娄学全等著. --北京：人民交通出版社，2012.4

ISBN 978-7-114-09256-5

I. ①悬… II. ①娄… III. ①悬索桥－主缆－锚固－桥梁设计②悬索桥－主缆－锚固－桥梁施工 IV. ①U448.25

中国版本图书馆CIP数据核字(2012)第059647号

书　　名：悬索桥主缆分布传力锚固系统设计与施工
著 作 者：娄学全　武焕陵　崔　冰　赵灿晖
责任编辑：刘永超　付宇斌
出版发行：人民交通出版社
地　　址：(100011)北京市朝阳区安定门外外馆斜街3号
网　　址：http://www.ccpress.com.cn
销售电话：(010)59757969，59757973
总 经 销：人民交通出版社发行部
经　　销：各地新华书店
印　　刷：北京鑫正大印刷有限公司
开　　本：720×960　1/16
印　　张：10.5
字　　数：195千
版　　次：2012年4月　第1版
印　　次：2012年4月　第1次印刷
书　　号：ISBN 978-7-114-09256-5
定　　价：32.00元

前　言

随着悬索桥跨度的增大，主缆拉力不断攀升。主缆锚固系统是将主缆拉力传递到锚碇的重要传力结构，其工作性能的好坏决定了主缆能否正常工作、结构整体是否安全，是悬索桥的关键结构之一。强大的主缆拉力对锚固结构可靠性、耐久性提出了挑战。

传统的悬索桥主缆锚固系统主要有钢框架后锚梁锚固系统和预应力锚固系统，二者均将主缆拉力传递至后锚面。在南京长江四桥的设计中，作者提出了悬索桥主缆锚固的分布传力锚固系统，该锚固系统以传剪器作为主要传力元件，变刚性承载为柔性承载，变集中传力为分布传力，减小了锚体混凝土的应力集中，扩大了索力在锚体中的传递区域。该锚固系统已在南京长江四桥主桥工程中得到成功应用，并取得了良好的经济效益和社会效益。

由于分布传力锚固系统结构新颖，无论是设计还是施工均无先例可循。在本书中，针对分布传力锚固系统，作者从构造设计、计算分析方法、锚固结构制造与安装、锚体混凝土施工等方面进行了较为详细的探讨，并提出了相应的方法，基本形成了设计、施工成套技术。第 1 章简要介绍了传统的钢框架后锚梁锚固系统和预应力锚固系统构造特点、施工及应用情况，提出了分布传力锚固系统的初步构想。第 2 章系统地介绍了分布传力锚固系统的构造设计方法和原则，并介绍了南京长江四桥分布传力锚固系统的设计。第 3 章通过模型试验探明了分布传力锚固结构的传力机理和基本力学性能。第 4 章介绍了锚固结构设计计算方法，其中简化有限元和基于荷载—滑移变形协调的计算方法均为在南京长江四桥设计中研发的新方法。第 5 章和第 6 章为施工技术部分，以南京长江四桥为例介绍了分布传力锚固系统施工技术，其中第 5 章介绍了锚固结构的制造与安装，提出了锚固结构安装的叠层空间定位法等新技术；第 6 章介绍了锚体和传剪器的施工。上述设计、施工方法可供工程技术人员及研究者参考。

作者自 2003 年对钢筋混凝土榫传剪器进行了深入研究，并首次将其应用于南京长江三桥钢塔钢—混凝土结合段中。在南京长江四桥的设计中，基于钢筋混凝土榫传剪器，开发了悬索桥主缆分布传力锚固系统。书中对钢筋混凝土榫传剪器力学性能的研究虽然多是在南京长江四桥的设计中完成的，但其研究结果具有普适性，可供设计人员和研究人员参考。

本书中的研究成果已通过有关部门组织的鉴定，具有原创性，大部分研究成果未公开发表过，内容新颖。

科学技术是不断发展的，对科学技术问题的认识也在不断深入。本书中的观点仅代表作者当前对这些问题的认识，随着研究的深入，某些观点可能会有改进。限于作者的认识水平和分析能力，书中难免有不足和不当之处，谨请读者批评指正。

诚挚感谢所有为本书的出版作出贡献的朋友，感谢江苏省交通运输厅科学研究计划项目“大跨度悬索桥新型主缆锚固系统设计施工关键技术研究”课题组的全体同仁，同时感谢中央对高校基本科研业务费的资助。

作　者

2012 年 3 月

目　录

第1章　悬索桥锚固系统概述

悬索桥是以悬索作为主要承重结构的桥梁，长期以来，因其受力性能好，跨越能力强，结构轻盈美观，而成为跨越大江大河、海峡港湾、高沟深谷的主要桥型之一。迄今为止，对于跨度在1 500m以上的特大跨桥梁，悬索桥仍是唯一的选择。

悬索桥的主要构造包括主缆、桥塔、索鞍、吊杆、加劲梁、锚固结构、锚碇等，构造简单，受力明确。因主缆承受拉力，材料利用率高，现代悬索桥多采用高强钢丝作为主缆的材料。高强主缆的采用为悬索桥成为大跨度桥梁提供了重要的物质基础。

悬索桥是较为典型的分阶段施工桥梁，施工阶段加劲梁的自重荷载完全由主缆承受，二期恒载则由主缆和加劲梁分担，其中主缆分担大部分荷载。运营阶段的荷载则由主梁传递至吊杆，再由吊杆传递至主缆，主缆拉力则由锚固系统传递给锚碇。可见主缆是悬索桥的主要承重结构，也是全桥结构的生命线。

随着悬索桥跨度的增加，主缆拉力不断增大，跨度1 300m左右的悬索桥，单根主缆拉力可达250MN以上，例如在建的我国南京长江四桥（跨度166m + 409m + 1 418m + 364m + 119m），单根主缆拉力达280MN，而日本明石海峡大桥仅恒载作用下的单根主缆拉力就达537.64MN，最大拉力更达644.9MN。

锚固系统是将主缆拉力传递到锚碇的重要传力结构，是悬索桥的关键结构之一，主缆锚固系统工作性能决定了主缆能否正常工作、结构整体是否安全。强大的主缆拉力对锚固结构安全性、可靠性、耐久性提出了挑战。在南京长江四桥的建设中，工程师提出了主缆分布传力锚固系统这一新型锚固结构体系，由于结构新颖，无先例可循，必须解决新结构的工程设计理论和工程施工成套技术等诸多难题。

1.1　悬索桥的锚固系统

悬索桥主缆的锚固方式分为自锚和地锚两种。锚碇是锚固地锚式悬索桥主缆的重要结构物。根据传力机理的不同，锚碇可以分为重力锚和隧道锚两种。

重力锚主要以锚碇块自重来抵抗主缆张力在竖直方向的分量，并在基础层面形成足够的压力，以保证索力水平分量的传递，因此重力锚的锚碇块一般都由尺寸巨大的混凝土块体构成，如图 1-1 所示。在丹麦大贝尔特东桥中，为了在景观上与悬索桥主缆、桥塔、主梁等的细长构件相协调，采用了三角形空腹构架式重力锚碇，如图 1-2 所示。

图 1-1　重力锚锚碇块

图 1-2　大贝尔特东桥三角形空腹构架重力锚

在隧道锚中，主缆的巨大拉力通过索股拉杆传入隧道锚室填充的混凝土中，经锚碇与围岩的接触传递到围岩体。这种锚固体系一般要求有坚固的山体岩壁可资利用，但在软弱破碎地质环境中，则可以采用带有预应力岩锚的隧道式复合锚碇系统，如图 1-3 所示。

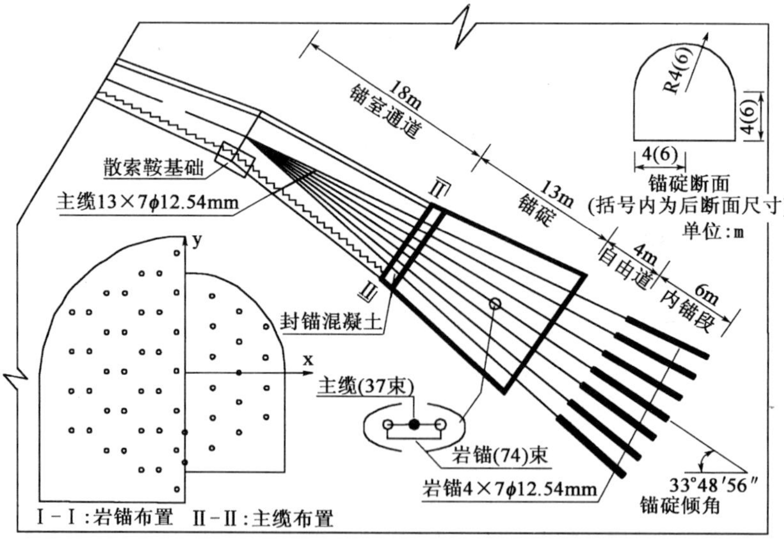

图 1-3　带有预应力岩锚的隧道式复合锚碇系统示意图

迄今为止，由于隧道锚对地质条件的要求较高，因而大部分情况下都因地质条件所限而采用重力锚。本书所讨论的主缆锚固系统主要针对重力式锚碇。

主缆锚固系统是主缆索股向锚体传力的连接及过渡部分，包括埋置于混凝土锚体内的锚固结构和与主缆索股相连的连接结构。按结构构造，传统的悬索桥主缆锚固系统分为钢框架后锚梁锚固系统和预应力锚固系统两种基本类型。

1.2　钢框架后锚梁锚固系统

1.2.1　钢框架后锚梁锚固系统的构造

钢框架后锚梁锚固系统由钢拉杆和后锚梁（或称背梁）及施工用支承桁架组成（图 1-4），三者形成钢框架，其中钢拉杆和后锚梁是主要的锚固结构。施工时首先将钢拉杆预埋于锚体混凝土中，通过钢拉杆前端的索股连接构造完成锚固。索股锚杯下通常设有垫片，通过变化垫片的累积厚度来调节索股的长度和松紧（图 1-5）。

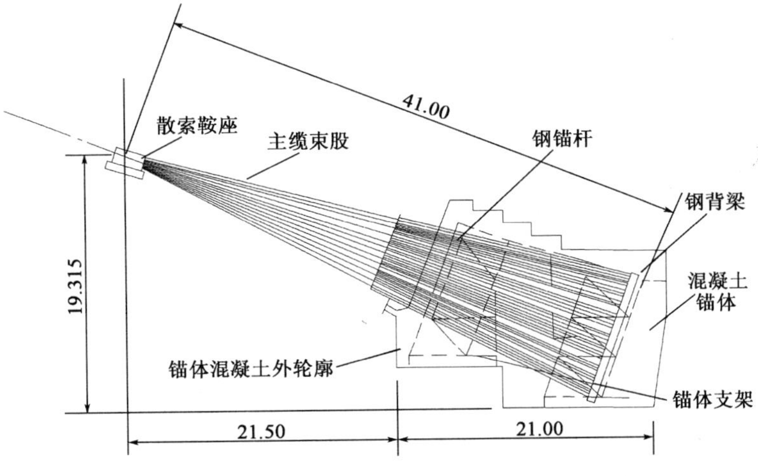

图 1-4　钢框架后锚梁锚固系统（支承桁架未示）（尺寸单位：m）

钢拉杆是将巨大的主缆索股拉力传递到后锚梁的构造，钢拉杆前端伸出前锚面，通过索股连接构造与索股直接连接，是锚固锚头的重要部分。索股连接构造通过锚头承压面将索股拉力传递至焊于拉杆腹板上的承压板和加劲板，实现索力在索股和拉杆间的传递（图 1-5）。为了将索股拉力直接传递到后锚梁，对于钢拉杆，需采取措施设置无黏结层，防止钢拉杆与混凝土黏结。在早期，钢拉杆常采用眼杆链形式(图 1-6);目前通常采用直线形的长钢杆(图 1-7),如我国的虎门大桥、西陵长江大桥均采用了宽翼缘工字形截面的钢拉杆。

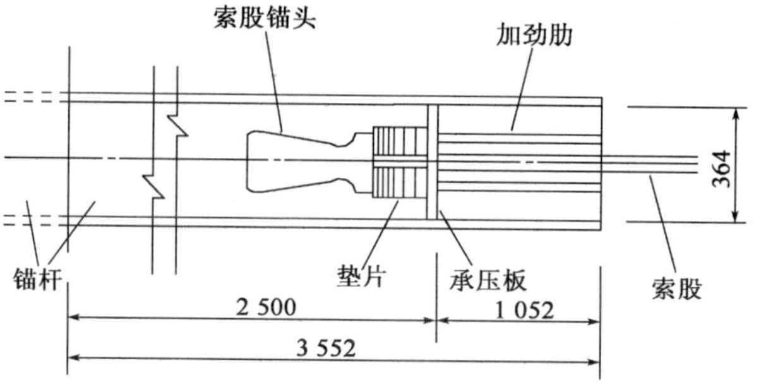

图 1-5　索股锚固连接构造示意(锚固箱式)(尺寸单位:mm)

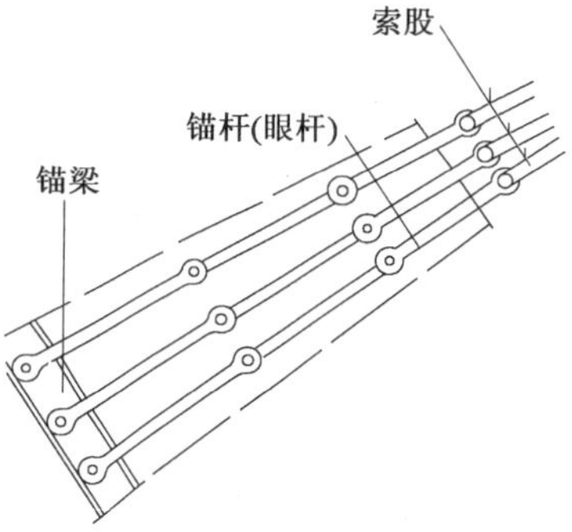

图 1-6　钢拉杆—眼杆链

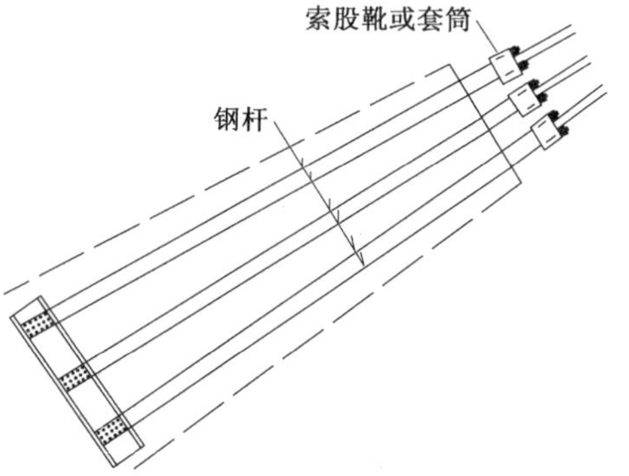

图 1-7　钢拉杆—长钢杆

后锚梁的作用是将拉杆力转换成锚体混凝土承受的压力,并广泛地扩散到整个锚体。后锚梁通常采用钢板焊接而成,与钢拉杆的连接可采用螺栓或焊接的方式。以上翼板作为承压面,翼板宽度的确定以传递至混凝土的压应力小于混凝土的容许应力为原则,当然,翼板自身的强度也需满足要求。腹板的高度则主要由后锚梁与钢拉杆连接构造的尺寸决定。

图 1-8　后锚梁锚固系统支承桁架示意

支承桁架(图 1-8)是施工期安装钢拉杆、后锚梁时的施工辅助设施,其作用是在浇筑锚体混凝土之前为钢拉杆、后锚梁提供临时支承,虽不是主缆的传力构造,作用却十分重要。支承桁架的安装精度、刚度很大程度上决定了锚固结构的安装精度，通常根据索股的散射线形、锚固结构的构造来确定其构造的空间布置及尺寸。

1.2.2 钢框架后锚梁锚固系统的应用

钢框架后锚梁锚固系统的应用范围十分广泛，应用历史也十分悠久，国外的悬索桥尤其是早期的悬索桥基本均采用钢框架后锚梁锚固系统，20 世纪 90 年代修建的世界跨度最大的悬索桥——日本明石海峡大桥也采用了该锚固系统。

(1) 美国乔治·华盛顿桥

美国乔治·华盛顿桥建于 1927 年，采用钢框架后锚梁锚固系统(图1-9)。该桥共 4 根主缆，水平力合计达 980MN，向上的竖向分力达 508MN，钢拉杆采用图 1-6 所示的眼杆链形式，在一缆的 122 根眼杆上为钻有测距孔眼的手持应变仪，并布置有测力计，索股通过靴根与眼杆链相连，在眼杆链的后端布置有长度为 21m 的后锚梁。

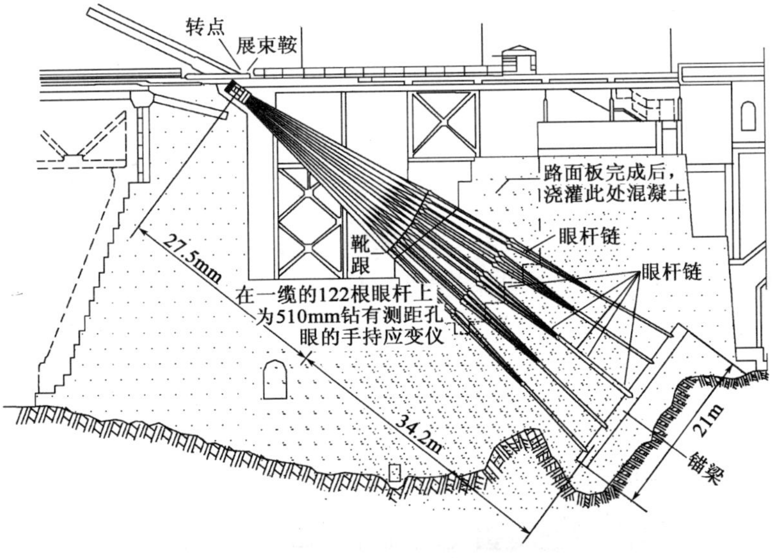

图 1-9 乔治·华盛顿桥纽约岸锚碇

(2) 美国金门大桥

金门大桥建于 1933 年，也采用钢框架后锚梁锚固系统(图 1-10)。主缆索股通过索靴以套结的方式与钢拉杆相连，钢拉杆也采用眼杆链的方式，眼杆的数量根据主缆索股数决定，眼杆链进入锚体混凝土的数量一般为 3 ~ 4 节，最后一节连接于后锚梁上。索股与靴套连接后，可通过靴套内的垫片来调节索股的长度和松紧。由于眼杆与混凝土的黏结力不易掌握，计算时假定全部主缆拉力均传递至后锚面。为使计算与实际结构一致，在眼杆上采用了无黏结涂层，以破坏眼杆与混凝土的黏结力。

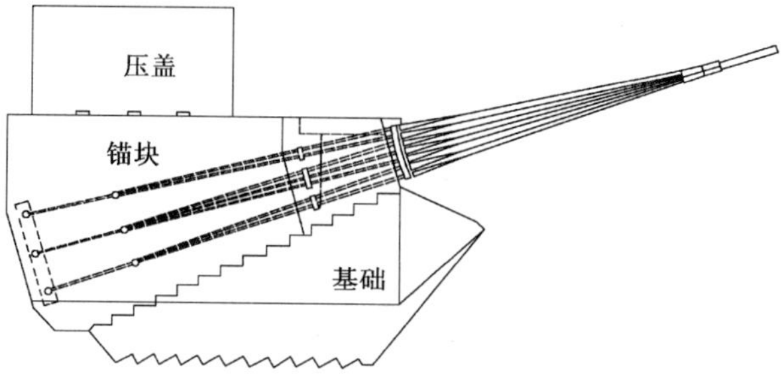

图 1-10　金门大桥主缆锚固系统

由于眼杆施工较为繁杂，后来日本和英国的悬索桥采用图 1-7 所示的长钢杆代替眼杆，我国的西陵长江大桥、虎门大桥、汕头海湾大桥也采用了这一形式。

(3)虎门大桥

图 1-11 为虎门大桥的钢框架后锚梁锚固系统。该桥采用宽翼缘工字形钢拉杆，索股与预埋在锚体内的钢拉杆在锚前进行连接。该桥的主缆由 110 根索股组成，为使各索股锚固点位置与其在散索鞍内的布置均成轴对称，钢拉杆在设计时采用了单束锚杆和双束锚杆的布置方式(图 1-12)。钢拉杆的空间布置与索股的散射线形完全一致，索股拉力可顺畅地传递到钢拉杆、后锚梁。钢拉杆采用外涂沥青作为无黏结隔离层，防止钢拉杆与锚体混凝土的黏结干扰力流的传递。受运输能力的限制，钢拉杆分为三段制造、安装，各段间采用普通螺栓连接。

图 1-11　虎门大桥主缆锚固系统

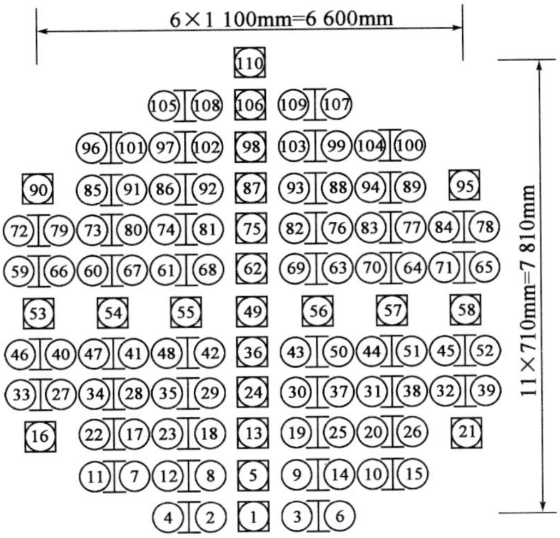

图 1-12　虎门大桥锚固面索股布置

(4)西陵长江大桥

西陵长江大桥也采用宽翼缘工字形钢拉杆，索股与预埋在锚体内的钢拉杆在锚前进行连接，锚杆也分为单束和双束两种。钢拉杆采用 A3 号钢板焊接而成，设计上未从节省钢材用量方面考虑，采用强度较高的低合金钢，其目的在于使杆件具有厚实的截面，万一因腐蚀导致截面削弱时，不至于过于敏感。

表 1-1 中列出了部分采用钢框架后锚梁锚固系统的大跨度悬索桥。

部分采用钢框架后锚梁锚固系统的大跨度悬索桥　　表 1-1

桥　名	国家	修建年份	跨度(m)	拉杆形式
布鲁克林桥	美国	1883	286 +485 +287	眼杆链
乔治·华盛顿桥	美国	1927	181 +1 067 +198	眼杆链
金门大桥	美国	1933	343 +1 281 +343	眼杆链
维拉扎诺海峡大桥	美国	1959	370.3 +1 298.4 +370.3	眼杆链
新港桥	美国	1965	209.6 +487 +209.6	长钢杆
萨拉扎桥	葡萄牙	1966	483.4 +1 012.9 +483.4	—
东京港联络桥	日本	1987	114 +570 +114	长钢杆
南、北备赞大桥	日本	1988	274 +1 100 +274 +174 +990 +274	长钢杆
明石海峡大桥	日本	1998	960 +1 991 +960	长钢杆
下津井大桥	日本	1988	230 +940 +230	长钢杆

续上表

桥　　名	国家	修建年份	跨度(m)	拉杆形式
虎门大桥	中国	1997	302 + 888 + 348.5	长钢杆
汕头海湾大桥	中国	1995	154 + 452 + 154	长钢杆
西陵长江大桥	中国	1996	225 + 900 + 225	长钢杆

1.2.3 施工方法

后锚梁锚固系统的安装一般均需搭设专门的支架作为锚固结构的定位装置。

虎门大桥锚固结构采用了整体桁架式支架(图 1-11),这是后锚梁锚固系统常用的支架形式。在后锚梁和钢拉杆安装之前先精确安装支撑桁架,通过桁架定位精度控制后锚梁和钢拉杆的安装精度。支撑桁架采用型钢制作,后锚梁与钢拉杆的设计与支架设计同步考虑,并设计可靠的支承点,即将支承体系作为锚固结构的一部分。支架分块制作,并进行整体预拼装,检验其制作精度及其与钢拉杆的匹配精度。施工现场先精确定位支承体系,然后安装锚固结构,安装过程中需测量锚固结构的空间位置,并作适当调整。

汕头海湾大桥因锚碇规模较虎门大桥要小,采用了前后临时支撑的桁架形式(图 1-13)。支架底部预埋于基础,安装由下到上,按后支架和前支架的顺序进行,每拼装一个单元体,随即安装连接系杆件,保证支架结构的稳定性。安装完支架后,按由中间向两侧的顺序安装后锚梁。由于后锚梁安装位置与基坑平

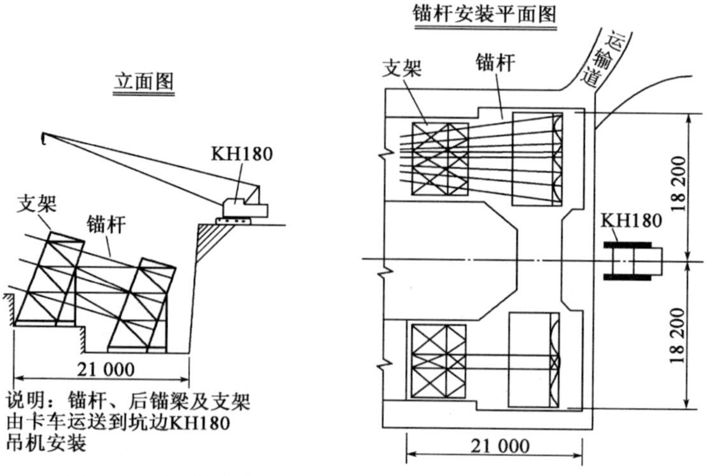

图 1-13　汕头海湾大桥后锚梁锚固结构安装(尺寸单位:mm)

面成仰角,安装时需特别注意找准重心位置,以便安装对位和精确定位。大致定位后用导链拴挂,通过紧松导链,控制后背梁的俯仰角度来达到定位要求。待精确定位后,点焊底座和各层横杆相关部位。

钢拉杆采取分段安装的方式，即先安装拉杆与后背梁连接部分，然后安装拉杆最前端部分。以泡沫塑料和油毛毡衬垫包裹锚杆,并作为无黏结层,并使之与杆件密贴。

1.3　预应力锚固系统

1.3.1　预应力锚固系统构造

预应力锚固系统包括锚固预应力体系(主要有钢绞线和高强预应力钢拉杆两种),索股锚固连接构造,前、后锚锚具,预应力管道定位系统(图1-14)。锚固预应力体系,索股锚固连接构造,前、后锚锚具是主要的锚固结构。传力途径为:主缆通过索股锚固连接构造与锚固预应力钢绞线相连,并将主缆拉力传递至预应力体系,通过预应力锚具分散到锚体混凝土中。由于预应力钢绞线强度高,通常可采用2索股或4索股的大吨位钢绞线锚固。

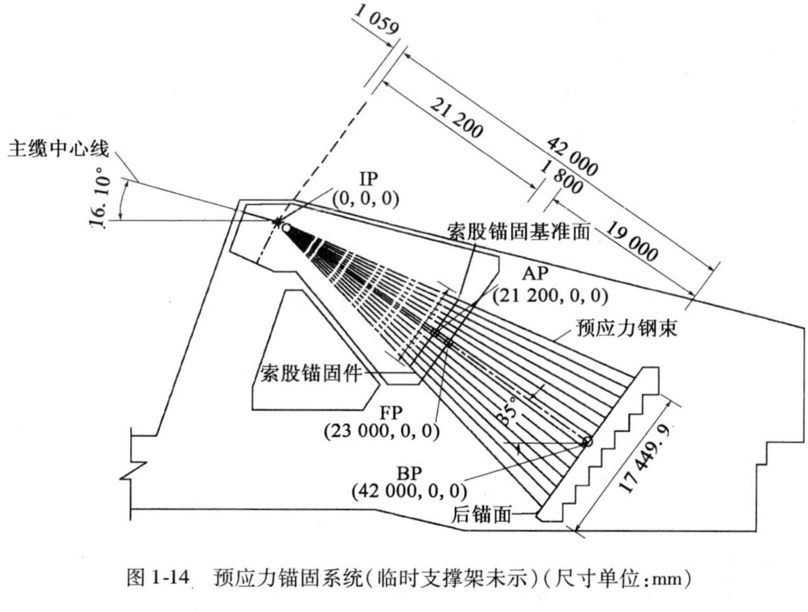

图1-14　预应力锚固系统(临时支撑架未示)(尺寸单位:mm)

预应力锚固系统的张拉锚固方式分为两种,其一可称为后锚张拉式,常用于采用H形索股锚固连接构造的锚固系统中。施工中，锚固预应力钢绞线（或高强预应力钢拉杆）置于预埋于锚体混凝土的套管中，先锚固预应力钢绞线前端，并通过索股锚固连接构造与主缆索股相连，最后张拉预应力钢绞线后端完成锚固。索股的长度和松紧通过张拉钢绞线调节。后锚端的张拉室在张拉完成后，通常改做运营检查室。在我国多采用这一张拉锚固方式。其二可称为前锚张拉式，常用于采用蹄靴式锚固连接构造的预应力锚固系统中。先在后端张拉锚固预应力钢绞线或高强钢拉杆，使前锚紧压前锚面，并在锚体混凝土中施加一定的预压应力，然后再张拉蹄靴固定杆，最后通过固定靴套固定杆上的螺栓实现锚固，索股的长度和松紧通过调整靴套的位置来调节。

锚固预应力钢绞线是将主缆拉力传递至锚体混凝土的主要构造，其作用类似于后锚梁锚固体系中的钢拉杆。早期桥梁曾采用高强钢拉杆，例如英国的塞文桥、我国的禹口黄河桥（图1-15），随着高强钢绞线的普及，后期通常采用高强低松弛钢绞线，根据预应力体系与锚碇混凝土的黏结情况，分为有黏结和无黏结两种。

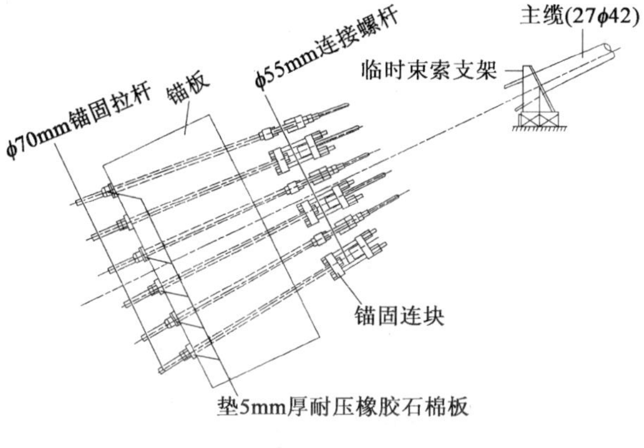

图1-15　禹口黄河桥高强钢拉杆锚固系统

有黏结钢拉杆或预应力钢绞线预置于套管内，待张拉锚固完成后在套管内灌注水泥浆，封堵套管。显然，这一方式的锚固钢绞线是不可更换的。为解决锚固钢绞线的更换问题，我国的工程技术人员开发了可更换式无黏结预应力锚固系统，采用环氧喷涂钢绞线作为锚固钢绞线，并在套管内灌注专用防腐油脂。

在湖南矮寨大桥建设中，又进一步发展出可更换式预应力弯束锚固系统（图1-16），预应力钢束起初沿索股发散方向布置，再按一定半径收敛，最后与大缆合力线平行，并锚固于后锚面。

索股锚固连接构造是将索股拉力传递到锚固预应力体系的重要构造，主要有三种形式，其一为如图1-17所示的H形连接构造，这一锚固方式常用于PWS

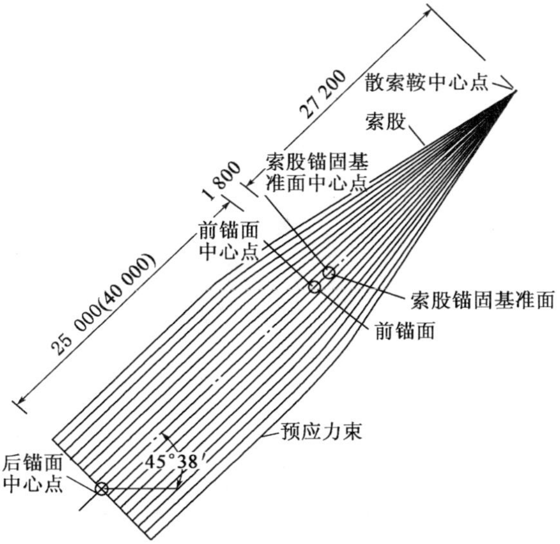

图 1-16　预应力弯束锚固系统(尺寸单位:mm)

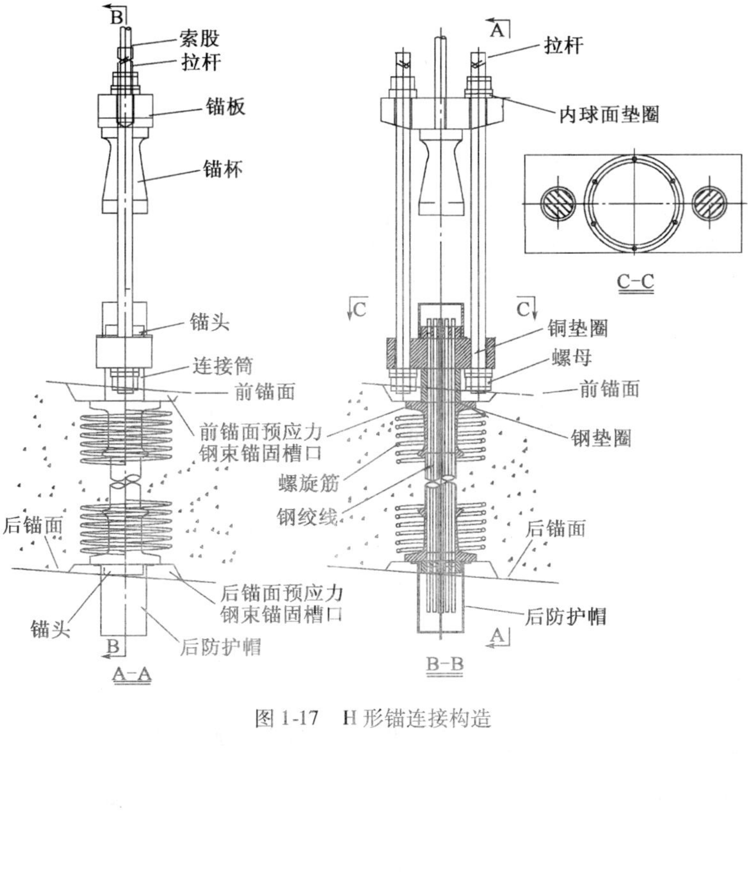

图 1-17　H 形锚连接构造

法成缆的主缆;其二为如图 1-18 所示的蹄靴式锚固连接构造,索股槽轮为软钢铸造,这一锚固方式常用于 AS 法纺丝成缆的主缆;其三为箱形连接构造。

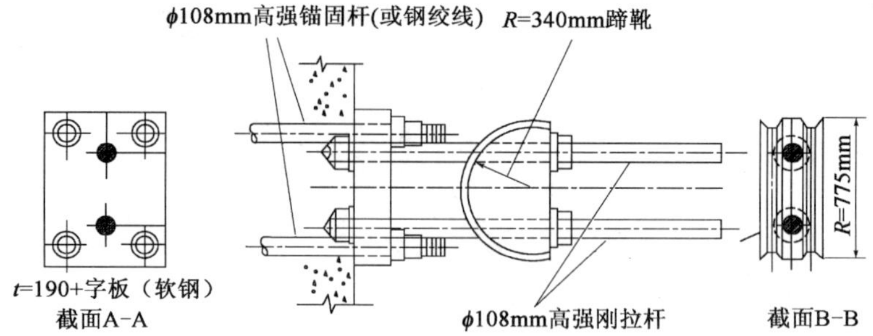

图 1-18　塞文桥采用的蹄靴式锚固连接构造

预应力管道定位系统的作用与后锚梁锚固系统中的支撑桁架作用相同,是支撑和定位预应力管道用的临时支架。临时支撑架一般由基准架和定位架构成(图 1-19),常用型钢组拼而成。基准架是安装定位架的基准,承受由定位架传来的荷载,是控制定位架安装精度的关键。定位架直接支撑并定位预应力管道,也是预应力管道定位的重要设施。由于预应力管道定位精度较高,因此必须计算验证定位系统的强度和刚度,在工厂预制时,一般需在专门的组拼平台上预拼,以检验其加工精度。

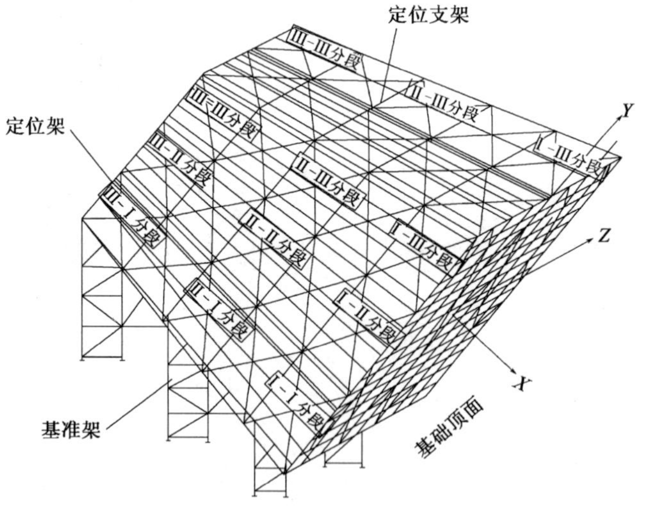

图 1-19　预应力管道定位系统示意

1.3.2　预应力锚固系统的应用

预应力锚固系统是近年来应用较多的一种主缆锚固形式，在我国，虎门大桥之后的悬索桥多采用这一锚固系统，并发展了可更换式无黏结预应力锚固系统。由于在欧洲多采用AS法纺丝成缆，因此索股锚固连接构造多采用蹄靴式，而我国多采用PWS法成缆，因此锚固索股多采用H形锚固构造。

（1）英国塞文桥

英国塞文桥跨度为304.8m＋987.55m＋304.8m，建于1961年，是较早采用预应力锚固系统的悬索桥之一，主缆由19股缆组成，每根主缆由439根ϕ4.97mm的钢丝组成，其主缆锚固系统如图1-20所示。

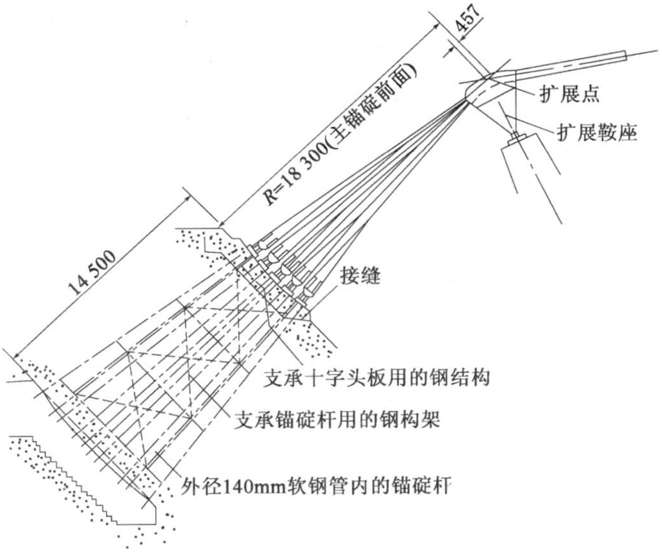

图1-20　塞文桥主缆预应力锚固系统（尺寸单位：mm）

该桥主缆采用AS法纺丝成缆，采用如图1-18所式的蹄靴式索股锚固连接构造，前底座板厚度190mm，采用4根直径108mm的高强钢锚固螺杆，穿过预埋于锚块混凝土内的直径140mm的套管，索股槽轮直径340mm。采用前锚张拉方式，先张拉、锚固高强钢锚固螺杆，在锚块混凝土中施加预应力，再张拉蹄靴固定杆并固定，完成锚固。锚固后在预埋套管内灌浆，使锚固螺杆与锚体共同受力，这样锚固螺杆因主缆拉力变化产生的应力变化很小，避免了因主缆拉力变化可能导致的锚固系统疲劳问题。索股张拉完成后，将张拉室改为运营检查室，该桥是较早设锚固系统运营检查室的悬索桥。

(2)禹口黄河桥

我国的禹口黄河桥是国内较早采用预应力锚固系统的悬索桥,该桥跨度为59.23m+144m+42.65m,加劲梁为桁梁,采用了如图1-15所示的高强钢拉杆预应力锚固系统。锚固系统采用ϕ70mm高强钢锚固拉杆、H形锚固连接构造,锚板及连接平板间采用ϕ70mm高强钢连接螺栓连接,锚固拉杆锚固于C18混凝土承托板上,在后锚固螺栓与承托板间垫5mm厚耐压橡胶石棉板。主缆入口处设置有伸缩钢护套,防止雨水流入锚洞,承托板后设有检查室,供施工操作和维修用。

(3)阳逻长江大桥

阳逻长江大桥为跨度250m+1 280m+440m的悬索桥,采用PWS法成缆,共154索股。该桥研发并应用了"无黏结可更换式"主缆预应力锚固系统(图1-21),在研发过程中,对无黏结预应力锚固体系可能存在的疲劳问题也进行了深入研究。锚固系统的主要传力构件为拉杆、可更换式预应力体系和连接器。

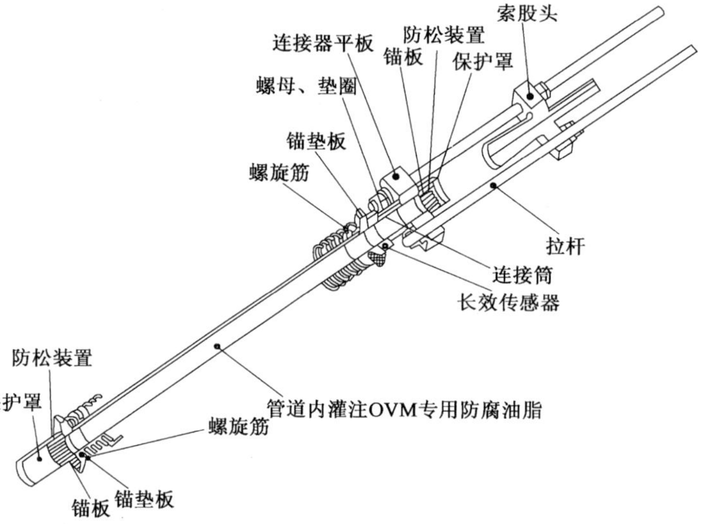

图1-21 可更换式无黏结预应力锚固系统

索股锚固连接构造采用H形(图1-17),由拉杆及其组件与连接器构成,分为单索股锚固单元和双索股锚固单元两种,单索股锚固单元由2根钢拉杆及单索股连接器构成(图1-17),双索股锚固单元由4根钢拉杆和双索股连接器构成(图1-22),拉杆直径为ϕ85mm,拉杆、螺母、垫圈均采用40Cr钢。连接器平板处的螺母、垫圈均采用球面螺母、球面垫圈,以调节设计、制作和安装的误差,使拉杆中心与索股轴线在同一直线上,避免偏心引起的次应力。在锚板下设置有锚杯,供索股钢丝散开。

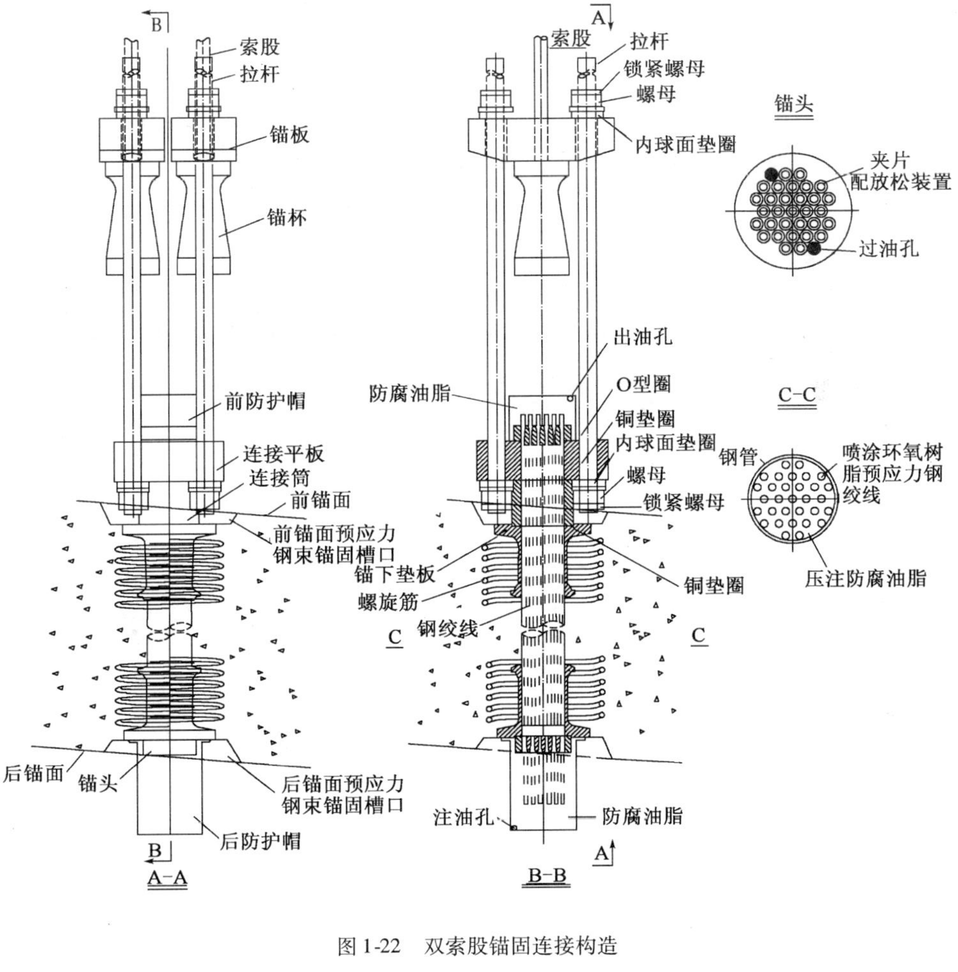

图 1-22　双索股锚固连接构造

可更换式无黏结预应力体系由环氧喷涂钢绞线、预应力锚具和预埋钢管组成,双索股采用 15-31 锚具,单索股采用 15-16 锚具。锚头及垫板尺寸均较一般锚具大,锚下混凝土应力较小。预埋钢管采用 ϕ216mm(双索股)和 ϕ168mm(单索股)无缝钢管,在锚固钢绞线被张拉、锚固后,在管内灌注 OVM 专用防腐油脂。由于锚固钢绞线与锚体混凝土无黏结,理论上可实现锚固钢绞线的单根更换。

由于锚固预应力钢绞线与锚体混凝土无黏结,主缆拉力的变化可能导致锚固体系的疲劳问题,在设计中,工程师对拉杆组件的疲劳问题进行了专项研究,且拉杆、螺母的螺纹均采用军用 MJ 标准,以提高其疲劳强度。试验表明,拉杆组件的疲劳强度完全满足要求。

在阳逻桥的锚固系统中,选取了约 15% 的监测点,布设了光栅压力传感器,对锚下压力进行监测。

表 1-2 列出了国内外部分采用预应力锚固系统的大跨度悬索桥。

部分采用预应力锚固系统的大跨度悬索桥 表 1-2

桥　　名	国家	修建年份	跨度(m)	索股连接
塞文桥	英国	1961	304.8 + 987.55 + 304.8	蹄靴
恒比尔河桥	英国	1974	280 + 1 410 + 530	蹄靴
小贝尔特东桥	丹麦	1965	240 + 600 + 240	狄维特式
博斯普鲁斯一桥	土耳其	1970	231 + 1 073 + 255	蹄靴
大贝尔特东桥	丹麦	1998	535 + 1 624 + 535	—
江阴长江大桥	中国	1999	320 + 1 385 + 320	H 形
宜昌长江大桥	中国	1998	960	H 形
厦门海沧大桥	中国	1996	230 + 640 + 230	H 形
舟山西堠门大桥	中国	2009	578 + 1 650 + 485	H 形
广州黄埔大桥	中国	2004	290 + 1 180 + 350	H 形
阳逻长江大桥	中国	2003	250 + 1 280 + 440	H 形
润扬长江大桥南汊桥	中国	2000	470 + 1 490 + 470	H 形

1.3.3　施工方法

由于国内多采用 PWS 法成缆,索股张拉、锚固的方式多采用后锚张拉式,这里仅介绍后锚张拉式,但预应力管道定位系统的制作、安装方法同样可用于前锚张拉式。

预应力锚固系统的施工可分为预应力管道定位系统(含管道)的制造与安装,预应力张拉槽口模板的制作、定位与安装,锚固钢绞线安装和张拉,预埋管道的灌浆等几个部分。

定位架和基准架一般在后场钢结构加工厂制作,二者的制造工艺基本相同,这里仅介绍定位架的加工。

定位架加工前需搭设专用的大样平台和组装平台，多采用钢板焊接而成。大样平台用来焊接定位片架，组装平台用于组装定位骨架，二者在使用前均需精确调平。首先需在大样平台上精确放出预应力管道位置和杆件的拼装线，对称拼焊片架，焊接完成后安装定位板，精确放样并加工预应力管道孔，预应力管道孔一般较管道直径要大，以便安装时可适当微调。定位片架制作完成后，在组装平台上用平撑、斜撑焊接为定位骨架。定位架通常分层制造，并采用两两预拼（或整体预拼）的方式保证层与层间的匹配。

安装前精确测量出基准架的安装线，并吊装基准架。基准架安装完成后逐层安装定位架，安装过程中需用全站仪校核定位架的空间位置，调整微调装置，满足精度要求后固定并焊接。定位架安装完成后即可逐段安装预应力管道。预应力管道定位系统的施工流程如图 1-23 所示。

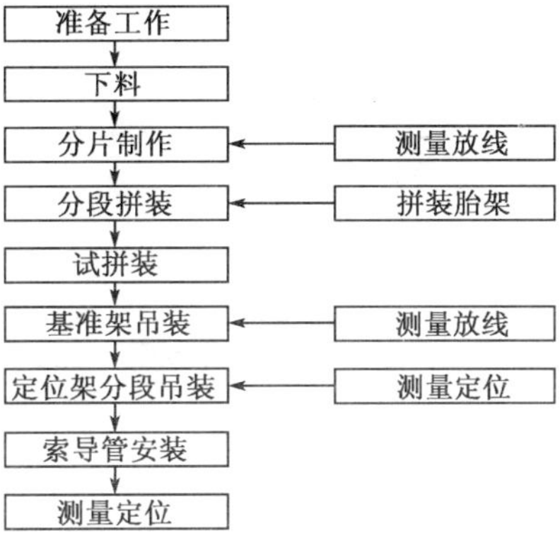

图 1-23　预应力管道定位系统施工流程

预应力张拉槽口的施工是预应力锚固系统施工中的一个难点。预应力张拉槽口虽然尺寸较小，但却是预应力锚固系统中的关键部位，直接关系到前、后锚面锚垫板的定位准确性及锚固预应力钢束与前、后锚面的垂直度，因此定位的准确性对锚下的局部应力也有间接影响。

由于预应力锚固体系中的预应力钢束均为空间直线，与前、后锚面均为斜交，交角各不相同，使槽口成为不规则的凹台体。而且由于槽口数量众多，因此槽口模板制作成为施工中一项非常繁杂的工作。

槽口模板制作一般需采用空间解析几何的方法，首先建立规则台体的方程，并根据锚点坐标，计算出各锚点对应的散射角，依据散射角采用坐标旋转的方式得到与散射角方向一致的台体方程，然后在同一坐标系下建立后锚面的方程，联立台体方程和后锚面方程，求解出台体各顶点坐标，据此，通过虚拟放样的方式得到槽口模板各边的尺寸和形状。安装时，根据槽口各顶点坐标在后锚面上放出槽口的位置，再进行安装。安装过程中一般还需复测，以校准槽口的位置及空间角度。

矮寨桥采用弯束锚固形式，在后锚面，由于锚固预应力钢束是平行的，因此其预应力槽口制作相对要简单一些，但前锚面预应力张拉槽口仍是比较复杂的。

预应力管道定位完成后,预应力钢束的穿束、张拉均较为常规,有前穿束和后穿束两种方式。前穿束是首先安装钢绞线与前锚锚环、夹片与连接器,然后从前锚面穿束;后穿束则是先从后锚面穿束,再安装前锚锚环、夹片与连接器,二者均较为方便。

穿束完成后一般可按由中间至两侧的方式对称张拉钢绞线,张拉过程与常规的预应力张拉基本相同,索股的长度和张紧程度均可在张拉过程中调节,这是预应力锚固系统的主要优点之一。张拉完成后,按常规方法在预埋管道内灌浆或灌注防腐油脂,对有黏结预应力锚固系统,灌浆的密实性应十分注意,在润扬大桥的施工中专门进行了工艺试验。锚固预应力体系的施工工艺流程如图1-24所示。

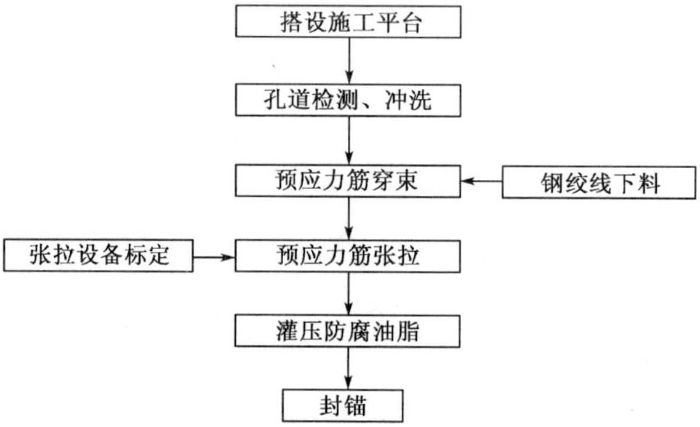

图1-24　锚固预应力体系施工流程

从上述施工方法可看出,预应力管道定位系统的制造与安装是整个施工过程中难度最大的工作,后锚梁锚固系统施工中难度最大的工作也是锚固结构的安装,这一点二者是相同的。此外,在预应力锚固系统中,预应力张拉槽口数量多,形状复杂,也是施工中的难点之一。

1.4　分布传力锚固系统的构思

1.4.1　两种传统锚固系统比较

如前所述,传统的悬索桥主缆锚固系统有钢框架锚固系统和预应力锚固系统两种类型,表1-3中对上述两种锚固系统进行了全面对比。总体来看,两种锚固系统均受力可靠,并多次应用于实际桥梁建设中。

两种锚固系统对比 表1-3

项目	钢框架后锚梁锚固系统	预应力锚固系统
受力特点	通过设置于后锚梁前端的钢拉杆，将主缆拉力沿索股扩散方向分散传递至后锚梁。后锚梁锚固位置钢结构和混凝土结构应力集中明显	主缆索股采用连接器与预应力前锚面锚固连接，通过预应力前后锚面压力差与索股拉力平衡完成主缆力的传递。后锚面混凝土结构存在应力集中
后期维护	仅需对外露至前锚室部分钢结构进行防腐维护，考虑到主缆索股本身除湿防护的要求，锚固系统无需额外增加维护工作量	目前多采用无黏结可更换预应力锚固体系，需定期监测，必要时更换部分预应力钢束
可靠性	受力可靠	受力可靠
耐久性	有近百年使用历史，耐久性良好	国内发展并推广，在有黏结预应力锚固体系中预应力体系无法替换，无黏结预应力锚固系统可更换预应力体系。由于使用历史较短，耐久性尚需时间检验
施工难易度	需整体性较好的钢支架系统，有一定施工难度，但精度易保证	预应力管道定位难度较大，需钢支架系统。张拉槽口数量多，形状复杂，定位难度大

(1)传力机理及应力分布特点

从上述分析可以看出，尽管钢框架后锚梁锚固系统和预应力锚固系统在构造上有较大差别，但在传力机理上却是相同的，均是将主缆拉力传递至后锚面，以局部压力的形式将主缆拉力传递到锚体混凝土中，传力途径十分简明，受力也是可靠的。但由于后锚面混凝土承受的是局部压力，导致后锚面存在一定程度的应力集中现象。在南京长江四桥的初步设计中，对后锚梁锚固方案进行了计算分析，锚体的主拉应力分布如图1-25所示。

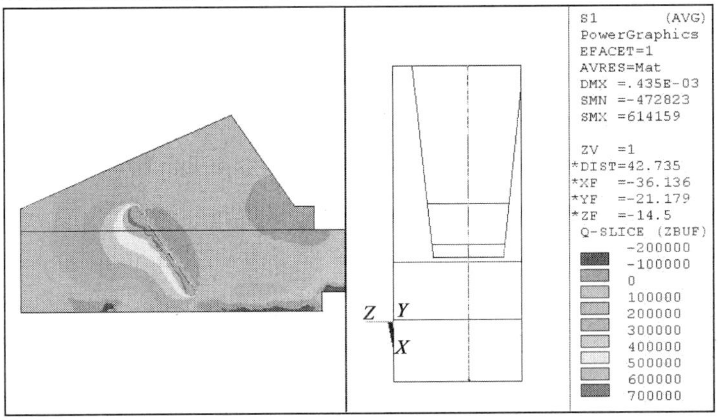

图1-25 南京长江四桥钢框架后锚梁锚固系统锚体主拉应力

由图1-25可看出，后锚梁区域存在较大拉应力区域，局部位置超过2.5MPa，应力扩散区域不到1.5m，应力集中现象十分明显。

相对而言，预应力锚固体系通过密布的预应力锚具锚固，而且可通过增大锚具尺寸来减小锚下应力，后锚面的应力集中问题不如钢框架后锚梁突出。

(2)施工方法

无论是钢框架后锚梁锚固系统还是预应力锚固系统，锚固结构的定位与安装需专门的定位系统，而且定位系统制造、安装精度要求高，均是施工中的难点。对于预应力锚固体系，尚存在数量众多的张拉槽口，且槽口形状各异，定位精度要求高。

(3)耐久性

钢框架后锚梁锚固系统已有近百年的使用历史，锚固结构完全被大体积混凝土所包裹，其良好的耐久性已得到证实，20世纪20~30年代修建的乔治·华盛顿桥、旧金山金门大桥迄今仍在正常使用。

有黏结预应力锚固系统的耐久性主要受预应力管道灌浆密实度的影响，若管道灌浆不密实，锚固预应力体系的耐久性难以保证，而且不易更换。可更换式无黏结预应力锚固系统主要由国内发展并使用，从理论上来说解决了锚固预应力体系的维修更换问题，但应用时间尚短，其耐久性尚需时间的检验。

(4)运营监测

在判断上述两种锚固系统是否处于安全的工作状态时，往往需要监测眼杆、长钢杆或锚固预应力筋的应力(应变)状态、锚下压力，监测系统相对较为复杂。例如，在乔治·华盛顿桥就布设了应变测点；在阳逻长江大桥部分锚点处，布设了压力传感器。

1.4.2 分布传力锚固系统的初步构想

悬索桥主缆锚固系统是悬索桥结构的重要组成部分，不仅要求其传力可靠，而且对其耐久性、维护性也提出了较高的要求。

通过对两种传统锚固系统的比较可看出，钢框架后锚梁锚固系统具有良好的耐久性，但后锚面存在应力集中的问题，有一定的安全隐患；可更换无黏结预应力锚固体系使用时间尚短，其耐久性尚需检验。性能良好的锚固系统应是不仅继承了钢框架后锚梁锚固系统良好的耐久性，而且传力匀顺，锚下应力扩散区域大的结构。

遵循这一原则，在南京长江四桥的设计中，工程师研发了分布传力锚固系统。其基本思路是：通过适当的构造，将主缆拉力以渐进的方式逐渐传递到锚体混凝土中，以改善锚体混凝土的应力分布，解决后锚梁锚固系统的锚下应力集中；同时锚固结构被锚体混凝土所包裹，具有良好的耐久性，而且锚固系统的结构行为应易于监测。

本章参考文献

[1] 雷俊卿，郑明珠，徐恭义. 悬索桥设计[M]. 北京：人民交通出版社，2002.

[2] 铁道部大桥工程局桥梁科学研究所. 悬索桥[M]. 北京：科学技术文献出版社，1996.

[3] 钱冬生，陈仁福. 大跨度悬索桥的设计与施工[M]. 成都：西南交通大学出版社，1999.

[4] 尼尔斯. J. 吉姆辛. 缆索承重桥梁——构思与设计[M]. 姚玲森，林长川，译. 北京：人民交通出版社，1992.

[5] 严国敏. 现代斜拉桥[M]. 北京：人民交通出版社，2002.

[6] 广东汕头海湾大桥公司. 广东汕头海湾大桥工程总结[M]. 北京：科学出版社，1998.

[7] 牛和恩. 虎门大桥工程[M]. 北京：人民交通出版社，1998.

[8] 武汉绕城公路建设指挥部. 武汉阳逻长江大桥工程技术总结[M]. 北京：人民交通出版社，2009.

[9] 钟建驰. 润扬长江公路大桥建设(第三册)　悬索桥[M]. 北京：人民交通出版社，2006.

[10] 江苏省长江公路大桥建设指挥部. 江阴长江大桥工程建设论文集[C]. 北京：人民交通出版社，2000.

[11] 周世忠. 江阴长江大桥重大技术问题[J]. 桥梁建设，2000(2).

[12] 刘怀林，张起桥. 汕头海湾悬索桥锚碇工程施工[J]. 桥梁建设，1996(4).

[13] 杨进. 西陵长江大桥设计概况[J]. 桥梁建设，1996(4).

[14] 美国维拉扎诺悬索桥锚碇的设计与施工[J]. 王锋君，译. 国外桥梁，2000(4).

[15] 明石海峡大桥 1 号锚墩设计[J]. 郝育森，译. 世界桥梁，1996(2).

[16] 恒比尔河桥[J]. 戴振藩，译. 世界桥梁，1998，2(1).

[17] 刘明虎，徐国平，刘化图. 武汉阳逻长江公路大桥锚碇设计[J]. 公路，2007(6).

[18] 刘明虎. 悬索桥重力式锚碇的基本设计思路[J]. 公路,1999(7).
[19] 徐国平,刘明虎,黄芳玮,等. 悬索桥锚碇可更换无黏结预应力锚固系统试验研究[J]. 桥梁建设,2006(5).
[20] 苏均,冯志坚,郑晓龙. 宜昌长江公路大桥预应力锚碇[J]//第十二届全国混凝土及预应力混凝土学术交流会论文集,2003.
[21] 中铁大桥局四处. 黄河某单跨加劲式公路悬索桥设计简介[J]. 桥梁建设,1973(5).
[22] 孟凡超,袁洪,彭宝华,等. 厦门海沧大桥预应力锚碇体系设计[J]. 预应力技术,2004(3).
[23] 张志荣,金仓,张雪松,等. 润扬大桥悬索桥南锚碇预应力锚固系统施工[J]. 桥梁建设,2004(4).
[24] 李庆新,钟建波. 厦门海沧大桥西锚碇锚固系统施工[J]. 广东公路交通,2002(3).
[25] 宜昌长江公路大桥建设开发公司. 宜昌长江公路大桥工程建设论文集[C]. 北京:人民交通出版社,2005.
[26] 姜友生. 宜昌长江公路大桥工程设计[C]//中国公路学会桥梁学会论文集,1999.
[27] 周泳涛,胡伟,周军生,等. 云南祥临澜沧江大桥总体设计[J]. 桥梁建设,2003(5).
[28] 赵千明,张东福,曾诚,等. 弯束可换式锚碇锚固系统在湖南矮寨桥的应用[J]. 预应力技术,2010(5).
[29] 苏强,赵千明,曾诚,等. 弯束预应力锚碇模拟施工试验研究[J]. 预应力技术,2010(2).
[30] 彭元诚. 悬索桥可更换式无黏结预应力钢绞线锚固系统[J]. 桥梁建设,2010(6).
[31] 许曦,周胜利,戴秋云. 宜昌长江公路大桥主缆锚固系统安装定位[J]. 测绘通报,2001(3).
[32] 涂潜. 武汉阳逻长江大桥南锚碇工程预应力锚固系统的施工测量[J]. 公路,2006(2).
[33] 周俊,刘德朋,陈浩. 某公路大桥锚碇锚固系统预应力钢管精确定位[J]. 施工技术,2005(7).

第2章　分布传力锚固系统的构造设计

分布传力锚固是一种新的锚固理念，设计者期望通过锚固结构的合理构造，实现将主缆拉力以渐进的方式传递到锚体混凝土中的目的，该系统明显区别于传统的钢框架后锚梁及预应力锚固系统的集中传力方式。新的主缆拉力传递理念需要新型锚固结构构造去实现，这给设计提出新的挑战。

就设计而言，分布传力锚固系统涉及总体构造设计，传剪器（或称剪力连接器、剪力键）的工作性能及选配、传剪器群设计原则、分布传力锚固系统的传力机理和承载力验证、设计计算方法等方面。本章将探讨前三个问题，锚固系统的传力机理、承载力验证及其设计计算方法将分别在第3、4章中讨论。

2.1　分布传力原理及实现途径

2.1.1　分布传力原理

在钢—混凝土混合结构中，就传力机理而言，其钢—混结合段可分为承压型（图2-1）和承压—传剪型（简称压—剪型，图2-2）两种形式。

图2-1　承压型钢—混结合段

图2-2　压—剪型钢—混结合段

前者通过承压板及其加劲构造将钢结构承担的荷载以压力传递到混凝土结构中，对于可能出现的拉力则通过强大的预应力来消除，日本多多罗大桥的钢塔与承台结合部即属于这一形式。计算和实践均证明,这一方式在局部不可避免地存在应力集中的问题,尤其在加劲肋位置及边角处。后者则通过传剪器和承压板共同分担荷载,可明显减小承压板传递的荷载,改善承压板下的混凝土应力,南京长江三桥钢塔与混凝土塔结合段即采用了这一形式。

在悬索桥的主缆锚固系统中,后锚梁的传力途径为:索股连接构造→钢拉杆→后锚梁,由后锚梁以局部承压的方式将主缆拉力传递至锚体,其传力机理类似于承压型(图2-3)。若借鉴压—剪型钢—混结合段的传力理念,在后锚梁前布置由多排传剪器构成的传剪器群,则其传力途径变为:索股连接构造→钢拉杆→传剪器群→后锚梁,并由传剪器群传递部分甚至全部主缆拉力(图2-4)。由于传剪器有一定的柔性,将集中传递的主缆拉力由各排传剪器分散传递至锚体混凝土中,从而实现分布传力的理念,扩大主缆拉力的传递区域。

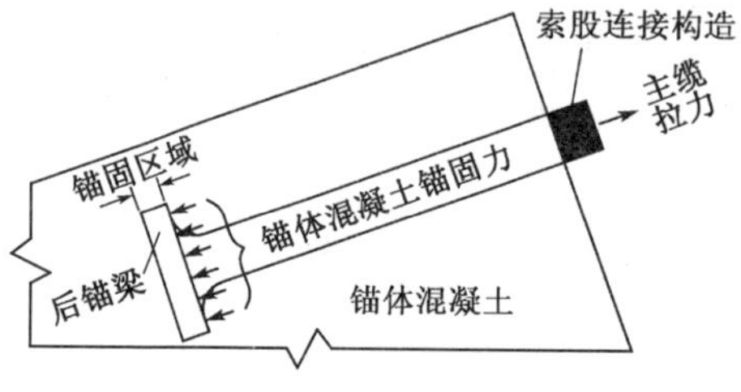

图2-3 后锚梁锚固系统传力机理及基本构造

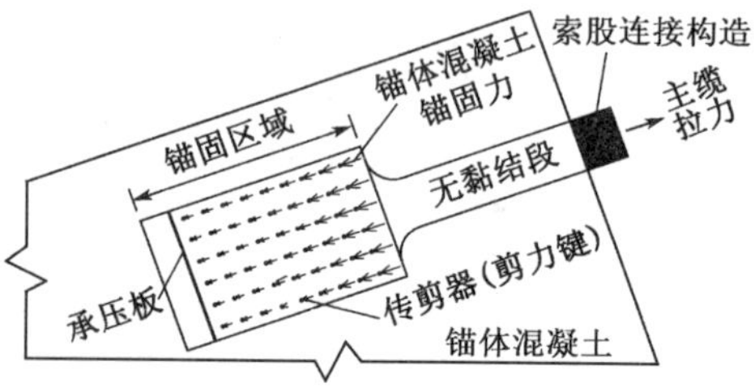

图2-4 分布传力锚固系统传力机理及基本构造

在南京长江四桥的设计中,设计者对分布传力锚固系统的锚下应力分布进行了计算分析(图2-5)。由图可知,锚体混凝土应力集中大大减小,传剪器将主缆拉力在长度约5m的锚固区域内传递至锚体混凝土,锚体最大主拉应力降低至1.0MPa以下。

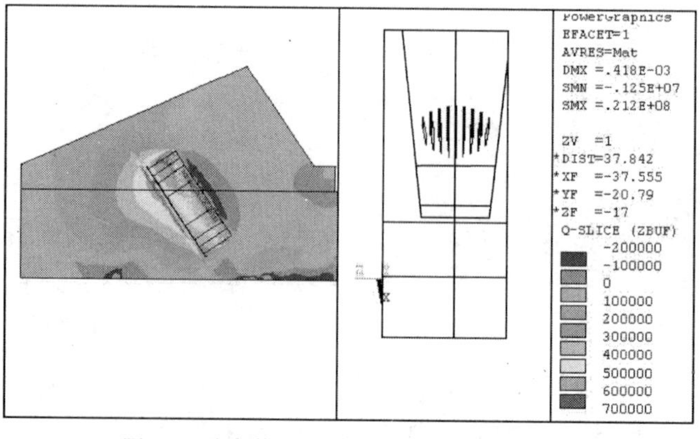

图2-5 分布传力锚固系统锚体主拉应力分布

2.1.2 分布传力锚固系统基本构造及优点

根据传力要求，分布传力锚固系统主要由四部分构成：索股连接构造、钢拉杆、锚固板和末端承压板（以下简称承压板，图 2-4）。索股连接构造可采用与钢框架后锚梁锚固系统相同形式，对于 PWS 法成缆的主缆可采用图 1-5 所示的承压板、加劲肋组合的钢锚箱型；钢拉杆可采用长钢杆，截面形式为宽翼缘工字形截面，与钢框架后锚梁锚固系统相似，其上也需采取无黏结措施；锚固板为宽度较大的钢板，其上布置传剪器群，正常使用情况下主缆拉力主要由锚固板及传剪器群承担，是主要的传力结构；末端承压板由承压钢板及其加劲肋组成，作为安全储备。

这一新型锚固系统具有以下优点：

①主要的传力机制为传剪器。变刚性承压承载为柔性承载，索力渐次传递至锚体混凝土；变集中承载为分布传力承载，扩大了传力区域，减小了应力集中，降低了结构风险。

②整个锚固系统主要由钢板和钢筋网组成，混凝土浇筑时容易进入并包裹锚固结构，施工质量比较容易保证，这有利于满足防腐性和耐久性的要求。

③分布传力锚固系统的工作状态可以由钢板与混凝土之间的滑移量来评定，而该滑移量比较容易测量，监测系统相对较为简单。

④锚固板后端的承压板及其加劲肋组成了末端承压板。在正常使用极限状态下，后锚梁所承担的荷载很小；在承载力极限状态下，后锚梁所承担荷载将随着所有传剪器开始产生明显滑移而明显增大。因此，它可以提高整个锚固系统的安全储备。

在解决了锚固系统的传力原理及基本构造后，需解决的问题是锚固板的构造设计，这是决定分布传力锚固理念能否付诸实践的重要环节。分布传力锚固板的构造设计包括传剪器的选配、传剪器设计指标的确定、传剪器数量的确定和传剪器排布四个方面。

2.2 传剪器性能的试验研究及选配

传剪器的变形特性不仅对传剪器群的工作性能和锚碇混凝土的应力分布有重要影响，就安全而言传剪器是传递主缆拉力的基本元件，确保自身的安全也是确保大桥安全的重要技术环节，通过试验探明传剪器的力学性能，选择适当的传剪器形式及规格，在分布传力锚固系统的设计中是十分重要的。对于钢筋混凝土榫传剪器来说，由于目前国内尚无可作为设计依据的规范，因此，需通过试验确定承载力、滑移量等设计指标，这是在设计中需完成的一项基础工作。

目前常用的传剪器形式主要有剪力栓钉（简称剪力钉）和钢筋混凝土榫传剪器两种。剪力钉目前已较为成熟，有大量的试验研究资料，在南京长江四桥分布传力锚固系统的设计中，笔者对钢筋混凝土榫传剪器的力学性能进行了较为全面的研究，并对二者进行了对比。

需补充说明的是，钢筋混凝土榫传剪器目前常称为 PBL 传剪器（Perfoband Link）或 PBL 剪力连接器（Perfobond Link Shear Connector）或 PBL 剪力键（Perfobond Link Shear Key），也有文献称之为开孔板连接器，这一形式的传剪器最早由德国结构大师莱昂哈特（Leonhardt）于 20 世纪 80 年代提出。莱昂哈特提出的传剪器为在钢板上开圆孔，并在孔内浇筑混凝土形成混凝土榫，借此传递剪力。目前使用的传剪器则在孔内插入了芯棒钢筋，芯棒钢筋与混凝土形成了钢筋混凝土榫，借此传递剪力。研究表明，是否在孔内插入芯棒钢筋对传剪器的性能影响很大，而且承载机理与混凝土榫（即莱昂哈特所提出的 PBL 传剪器）也截然不同（见下文），事实上已形成一种新型传剪器。据此，本书中称之为钢筋混凝土榫传剪器。

2.2.1 试验方法

（1）试件设计

试件设计共分三个批次，完成了 38 个试件的试验，考虑到传剪器的主要力学指标如屈服荷载、极限滑移量、荷载—滑移关系等与传剪器孔径、芯棒钢筋直径并不存在确定的相似规律，缩尺后难以准确反映原型的结构行为，三期钢筋混凝土榫传剪器性能试验的试件尺寸比例均确定为 1∶1。

为使传剪器承受荷载的方式与锚固板传剪器受力接近，采用了拔出试验的加载方式。试件由底座、传剪器区混凝土块、传剪器和钢板四部分构成，如图2-6所示。试件分 A、B 两类，二者构造相同，但 B 类仅设置了一个传剪器，第一批次均为 A 类试件，未设置无黏结段。

底座与传剪器区域混凝土块整体浇筑，其作用是为传剪器区域混凝土块提供剪切边界条件；钢板长边沿水平方向布置并设置有传剪器，外荷载沿钢板长边方向施加，这样可满足模型主体混凝土及传剪器的受力方式与锚固板传剪器一致这一要求。

第一批次为锚固板钢筋混凝土榫传剪器的初步探索，初步选定传剪器的形式。第二批次则是为了探讨无黏结段的影响，并确定传剪器的规格，影响因素包括:①钢筋混凝土榫直径;②芯棒钢筋直径。第三批次试验则为深入探讨所选规格传剪器的力学性能。各批次试件规格见表2-1。各试件所用芯棒钢筋均为HRB335钢筋。

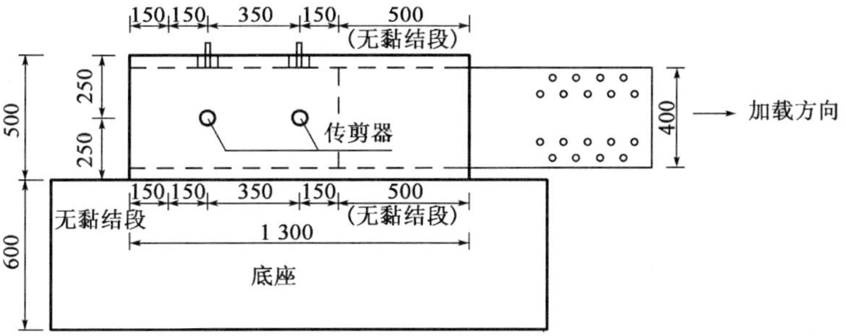

图2-6　A类传剪器件构造(尺寸单位:mm)

各批次试件规格　　表2-1

试验批次	试件编号	混凝土强度等级	混凝土榫外径(mm)	芯棒钢筋直径(mm)	试件数量	试件类别
第一批	SB60-22	C35	60	22	3	A
	SB60-16	C35	60	16	3	A
	SB45-16	C35	45	16	3	A
	SB45-12	C35	45	12	3	A
第二批	SB60-20A	C30	60	20	3	A
	SB60-20B	C30	60	20	3	B
	SB45-16A	C30	45	16	2	A
	SB45-16B	C30	45	16	3	B
第三批	SB60-20	C30	60	20	12	B
	SB60-0	C30	60	0	3	B

表中试件编号采用SB*Y*-*Z*的方式,SB为钢筋混凝土榫传剪器,*Y*表示传剪器混凝土榫直径,*Z*为芯棒钢筋直径。例如SB60-22表示该试件为混凝土榫直径为60mm、芯棒钢筋直径为22mm的钢筋混凝土榫传剪器试件,SB60-0则为混凝土榫直径为60mm的素混凝土榫试件(即莱昂哈特所提出的PBL传剪器)。另外,在第一期试件中为便于对比,还进行了2个剪力钉试件的试验,试件编号为TH22,剪力钉直径为22mm。

（2）加载方式及测试

试验中采用了单调加载和重复加载两种方式。在每组3个试件中，第1、2个采用单调加载，第3个根据第1个试验的情况，确定重复荷载的大小，进行重复加载。重复加载分两次进行，在滑移量较小和较大时各进行一次。TH22型试件只进行单调加载试验。

测试内容包括荷载和钢—混凝土相对滑移两个方面。荷载主要通过压力传感器测量获得。相对滑移通过机电百分表和数字千分表直接测量钢板顶部的引伸钢筋与混凝土之间的相对位移获得。

2.2.2 加载全过程力学行为

由于试件数量较多，限于篇幅，对于每一规格传剪器这里仅给出了一组试验结果，加载全过程荷载—滑移曲线如图2-7～图2-14所示。

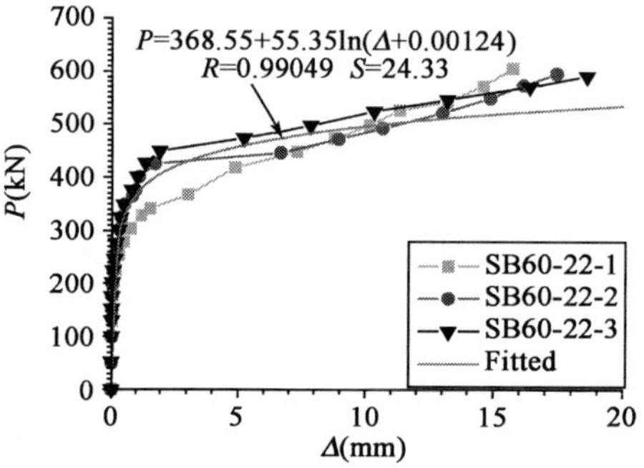

图2-7 SB60-22试件荷载—滑移曲线

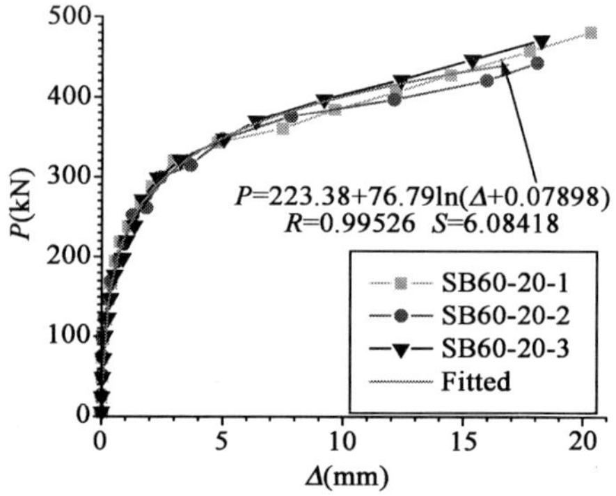

图2-8 SB60-20试件荷载—滑移曲线

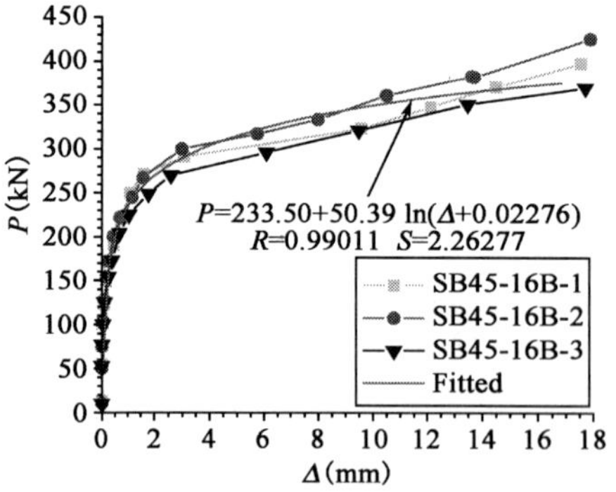

图2-9 SB45-16试件荷载—滑移曲线

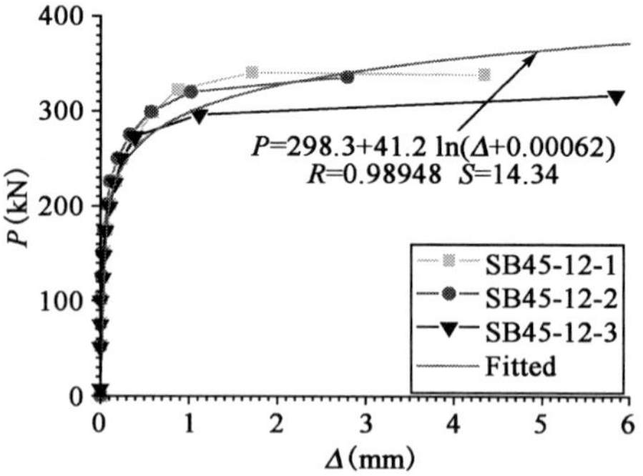

图2-10 SB45-12试件荷载—滑移曲线

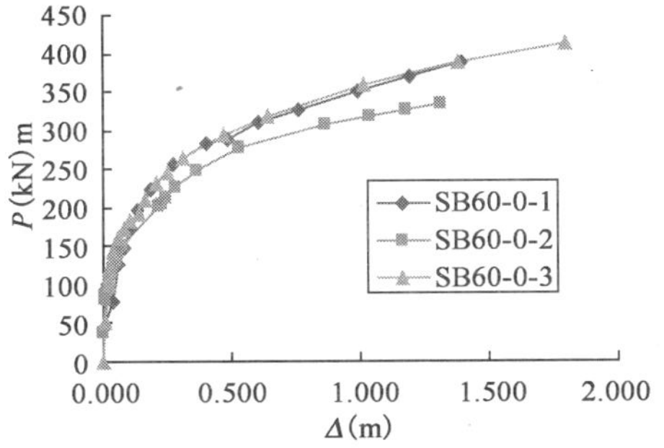

图 2-11　SB60-0 试件荷载—滑移曲线

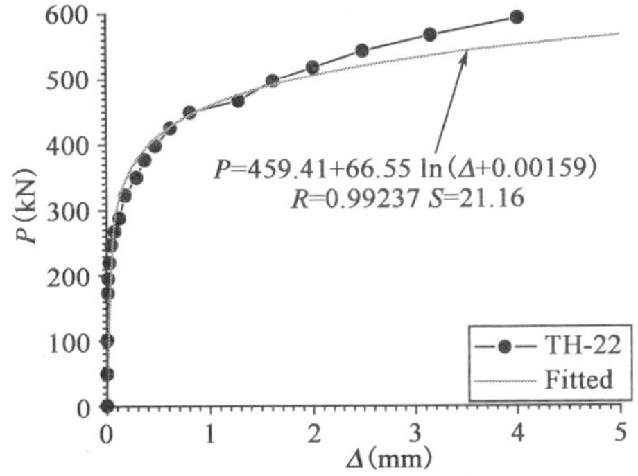

图 2-12　TH-22 试件荷载—滑移曲线

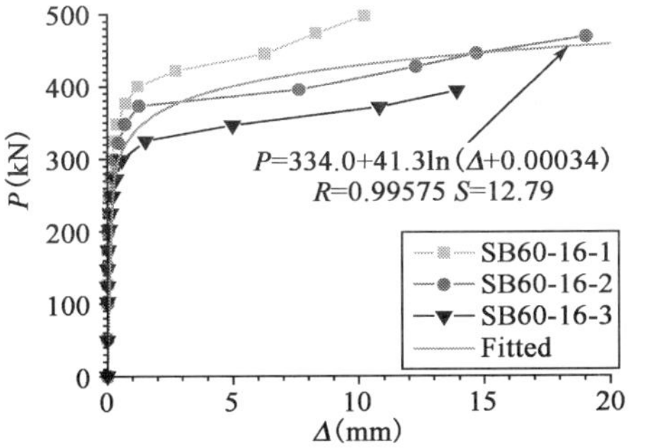

图 2-13　SB60-16 试件荷载—滑移曲线

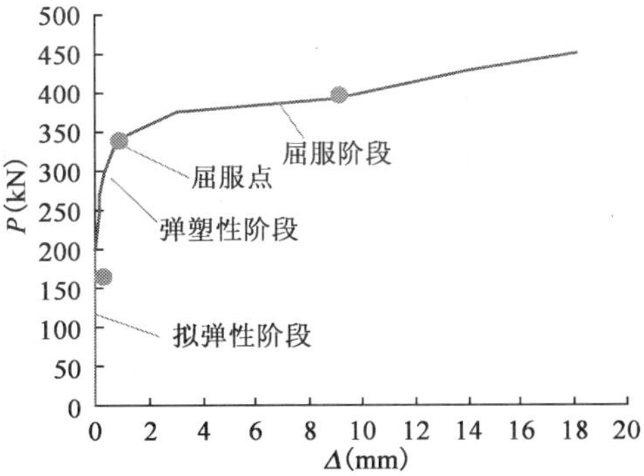

图 2-14　钢筋混凝土榫传剪器典型荷载—滑移曲线

图中还给出了各规格传剪器荷载—滑移关系的回归公式及曲线。从以上各图可看出,传剪器在加载全过程中,其荷载—滑移关系有以下特点:

①根据荷载—滑移曲线,钢筋混凝土榫传剪器的工作可分为三个阶段。在刚开始加载的时候荷载—滑移曲线斜率都很大,若在此时卸载,残余的滑移量很小,一般只有千分之几毫米(详见参考文献[5])。这说明此时试件弹性行为占主导地位,塑性行为影响较小,这一阶段可称为拟弹性工作段。当荷载加大到一定程度时,钢筋混凝土榫的刚度逐渐降低,从荷载—滑移曲线上表现为滑移的发展比荷载的增加要快,荷载—滑移量曲线斜率开始逐渐变小,并渐趋水平。若在此时卸载,残余的滑移量明显大于前一阶段,视荷载大小的不同,残余变形可达 0.3 ~ 1mm,这说明此时塑性行为的影响表现得较为明显,这一阶段可称为弹塑性工作段。当试件经过弹塑性工作阶段后,若继续增大荷载,在 1 ~ 2 级荷载内,滑移的增量可达数毫米之多,较前两个阶段有相当明显地增长,且需经过较长时间的稳载,滑移的增长才能逐渐趋于停滞,这些现象与软钢的屈服过程较为相似,可将这一阶段称为屈服阶段。

②从荷载—滑移曲线中还可看出，试件屈服之后荷载—滑移曲线表现出一定的离散性，有的存在明显的强化过程(如SB60-22，图2-7)，有的强化过程和屈服有混合的趋势(如SB60-20，图2-8)。而且即使是同一组试件，其破断承载力及极限滑移量也有差别，尤其是极限滑移量。

③钢筋混凝土榫传剪器具有良好的延性性能，在破坏前均有明显的屈服过程，在承载能力变化不大的情况下，钢—混凝土间的相对滑移量有较为明显的增长，属塑性破坏，芯棒钢筋配置适当的情况下，极限滑移量可达近20mm。

④对比SB60-22(钢筋混凝土榫)、TH22(剪力栓钉)和SB60-0(素混凝土榫)三类传剪器的加载全过程荷载—滑移曲线可看出，SB60-22的破断强度与TH22基本相当，且极限滑移量是TH22的3倍以上；而SB60-22试件不仅破断强度高于SB60-0，而且极限滑移量较SB60-0要大10倍左右。这表明钢筋混凝土榫传剪器不仅强度高，而且延性好，在传剪器成群工作时，良好的延性性能可使下排传剪器分担更多的荷载，有利于发挥传剪器群整体的作用。

⑤传剪器孔径和芯棒钢筋直径的配比对钢筋混凝土榫传剪器的变形性能影响巨大。对比SB45-12和SB45-16试件的荷载—滑移曲线可看出，前者在经过屈服段后试件立即破坏，其极限承载力和极限滑移量也较SB45-16试件明显要小，由此可以推论，在钢筋混凝土榫传剪器的设计中，存在着混凝土榫直径和芯棒钢筋直径的配比问题，芯棒钢筋直径过小，不仅传剪器的承载力会有明显降低，而且变形性能也大打折扣，在SB60-16试件中也存在一定的类似问题。因此，对于钢筋混凝土榫传剪器，不仅需要选择混凝土榫的直径，而且需小心选定混凝土榫直径和芯棒钢筋直径的配比。

⑥当滑移量小于1.3～1.9mm时，素混凝土榫试件工作较为稳定，滑移量超过1.9mm之后，素混凝土榫试件很快被剪断，没有屈服过程；而大多数钢筋混凝土榫试件则可继续滑移至15mm以上，并有明显的屈服现象，这表明芯棒钢筋的存在，大幅提高了钢筋混凝土榫传剪器的延性，传剪器的工作性能发生了本质的变化。

2.2.3 破坏形态

钢筋混凝土榫试件在破坏时往往伴随一声巨响，同时钢板发生较大滑移，加载过程中钢板与混凝土始终保持密贴。破坏后，部分未设置无黏结段的试件前端混凝土有一定的开裂现象，但外包混凝土侧面完好无损；对于设置有无黏结段的试件，试件的前端未见裂缝，外包混凝土和底座也保持完好，这表明此类试件的前端开裂系钢板与混凝土之间的摩擦力所致，与钢筋混凝土榫传剪器无关。可见在锚固结构的钢拉杆上设置无黏结段是完全必要的。

加载完成后,10 组试件各凿开 2 个进行观察,发现所有试件传剪器的混凝土榫和芯棒钢筋均已被剪断(对于 SB60-0 为素混凝土榫被剪断),表明试件的破坏因传剪器的破断所致。图 2-15 为 SB60-20 破坏形态,图 2-16 为 SB45-16 破坏形态。钢板孔洞内的混凝土榫完整,未见混凝土被压碎的情况,混凝土榫断口粗糙,在与钢板紧贴的混凝土面上有明显的擦痕,其深度可达 2mm 以上[图 2-15c)、图 2-16c)],孔内混凝土榫表面存在大量的粉末状碎屑,在钢板上也有较明显的擦痕[图 2-15b)、图 2-16b)],表明混凝土榫断口与钢板及混凝土发生过较强的摩擦。芯棒钢筋断口较光滑,但端部有一定弯曲,表明混凝土榫和芯棒钢筋是在剪切和弯曲(有可能还有拉伸)的共同作用下破坏的[图 2-15d)、图 2-16d)]。

a)破坏形态(正面)

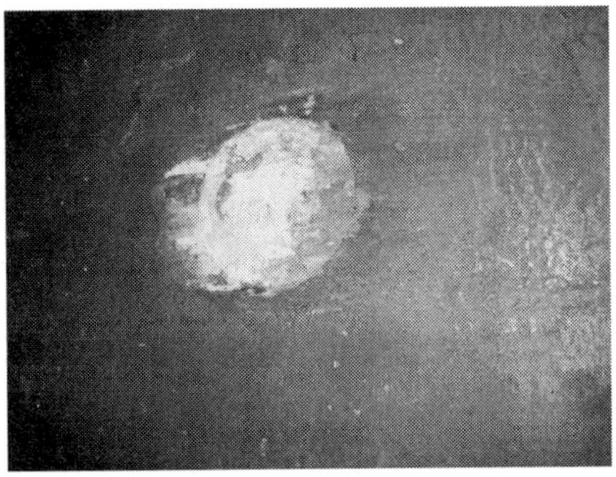

b)钢板孔洞内传剪器破坏形态

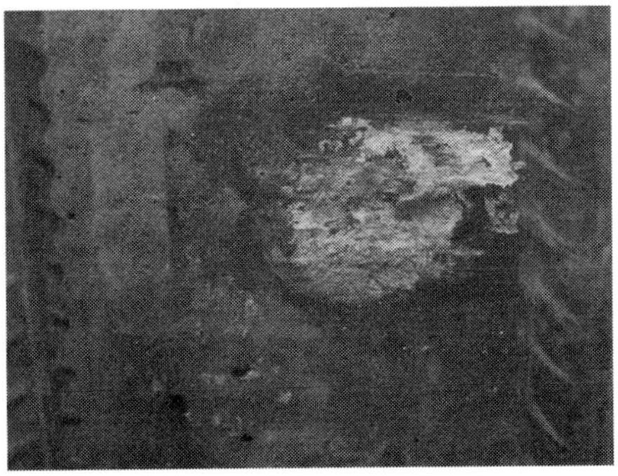

c)传剪器位置附近的混凝土表面

d)芯棒钢筋断口局部放大

图 2-15　SB60-20 破坏形态

最后值得一提的是,在打开 SB60-22 试件后发现,试件距加力点较近的传剪器周围的混凝土中存在明显裂纹(图 2-17)。这些裂纹都是从该传剪器附近向外辐射的。这说明钢筋直径过大导致传剪器刚度过大,在混凝土背景应力为拉的情况下,可能产生混凝土开裂现象,在选择芯棒钢筋直径时需注意这一问题。

a)钢板被拖出

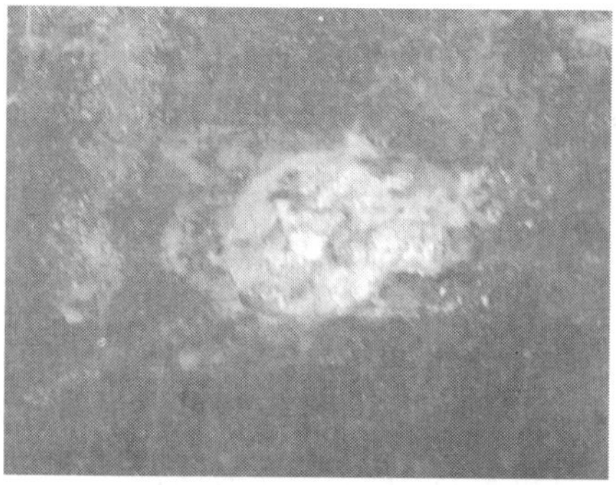

b)钢板孔洞内传剪器破坏形态

c)传剪器位置附近的混凝土表面

d)传剪器芯棒钢筋的断口

图 2-16　SB45-16 破坏形态

图 2-17　SB60-22 破坏形态

2.2.4　承载机理

从 2.2.2 节的分析可看出，弹塑性段和屈服段滑移的发展规律有明显的区别，表明二者的承载机制发生了本质的变化。

仔细分析图 2-7 ~ 图 2-10 可发现，所有试件屈服点的滑移量均约在 1.2 ~ 1.9mm 间，这一现象参考文献[1,4]中同样可看到，因此这不是一个偶然现象，而是在数十个试件的试验中反复出现的现象，必有其内在的原因。从图 2-11 中可看出，SB60-0 类试件的极限滑移量为 1.3 ~ 1.9mm，参考文献[4,12]中素混凝土榫试件的极限滑移量也在 1.2 ~ 1.5mm 之间，而且这些试件均因素混凝土榫剪断而破坏，也就是说混凝土榫的破断滑移量约为 1.5mm 左右，由此可以推知，钢筋混凝土榫试件屈服的主要原因是混凝土榫被剪断，只是在钢筋混凝土榫试件中，由于芯棒钢筋分担了一部分荷载，混凝土榫的破断滑移量较素混凝土榫试件稍大，其破断滑移量有时可达到1.9mm。

根据上述分析，结合荷载—滑移曲线和传剪器的破坏形态，钢筋混凝土榫传剪器的承载机理可阐释如下。

①在拟弹性工作段，混凝土榫和芯棒钢筋是共同工作的，混凝土榫剪切面上基本未出现裂缝或仅有少量的微裂缝，混凝土榫的刚度基本未受损，此时传剪器刚度较大，变形很小，这一工作阶段较短，基本发生在滑移量小于0.1mm时。

②弹塑性工作段是混凝土榫剪切面上裂缝逐渐发展的阶段，裂缝的发展使混凝土榫的刚度逐渐降低，在荷载—滑移曲线上表现为滑移的发展比荷载的增加要快，且由于混凝土榫的剪切裂缝是不可恢复的，因此在该段卸载，一般均有较大的残余变形（详见参考文献[5]），在这一阶段，混凝土榫和芯棒钢筋也是共同工作的。当钢板滑移量达1.5mm左右时，混凝土榫剪切面逐渐发展为贯通的剪切破坏面，混凝土榫被剪断。需注意的是，当混凝土榫形成贯通的剪切破坏面后，其承载能力并不会马上消失，由于剪切面粗糙，通过剪切面上集料的相互咬合、孔内混凝土榫剪切面与混凝土的摩擦以及混凝土壁上剪切面与钢板的摩擦，混凝土榫仍有一定的承载能力。混凝土榫的剪断一方面削弱了钢筋混凝土榫传剪器的刚度，另一方面加重了芯棒钢筋的负担，使得钢筋混凝土榫传剪器的变形明显增大，进入屈服段。

③在屈服段随着滑移的增大，剪切破坏面渐趋光滑，剪切破坏面的集料咬合和摩擦不断减小，这些均使得芯棒钢筋的负担持续增大，这一分析从破坏后，剪切面上存在大量粉末状碎屑可得到证实。当芯棒钢筋分担的荷载大于其强度时，钢筋破断，试件破坏。

采用上述承载机理，不难解释为什么钢筋混凝土榫的变形性能较素混凝土榫要好得多、混凝土榫直径与芯棒钢筋的配比、屈服段的离散性和极限强度的离散性等问题。

2.2.5　传剪器的选配

从锚体的应力分布角度，主缆拉力在锚体混凝土中扩散范围越大，应力梯度越小，越有利于改善锚体混凝土的应力分布，这就要求各排传剪器分担的荷载应尽量均匀。从现有的钢—混凝土混合结构的钢—混结合段的研究结果来看，各排传剪器分担的荷载是不同的，由前（加载端）向后各排传剪器承担的剪力渐次减小。若传剪器具有良好的变形性能和延性，将有更多的荷载向后排传递，有利于主缆拉力在锚碇混凝土中的扩散。因此，在选择分布传力锚固系统的传剪器时，应选择承载能力强，变形性能和延性良好的传剪器，这是选择传剪器的基本原则。

根据上述原则，结合试验研究结果可看出，钢筋混凝土榫传剪器具有弹性阶段刚度大，弹塑性阶段延性好的优点，是分布传力锚固系统理想的传力元件。而剪力钉虽然具有较高的承载能力，但变形性能和延性却明显不如钢筋混凝土榫传剪器。

在选择钢筋混凝土榫传剪器型号时，应注意混凝土榫和芯棒钢筋的配比问题，芯棒钢筋直径过大、传剪器刚度过大可能在传剪器周围产生裂缝，过小则与素混凝土榫无异。这一问题需通过大量试验，获得相关的配比计算公式才能解决。在没有进一步研究资料的情况下，建议采用 SB60-20 或 SB45-16 传剪器，试验表明，上述两种型号的传剪器均具有较高承载能力，以及良好变形性能和延性。

2.3 钢筋混凝土榫传剪器设计指标的确定

钢筋混凝土榫传剪器的容许承载力和容许滑移量是分布传力锚固系统设计中必不可少的力学指标，前者是确定传剪器数量的基本依据，后者则是运营阶段判断锚固结构工作状态的重要指标。

对于容许承载力目前已有较多的文献进行研究，但不同文献提出的承载力计算公式有较大差别，其计算结果相差可达 30% ~50% ，除试验方法不同外，确定容许承载力的工作状态不同也是重要的原因。

2.3.1 传剪器工作状态的确定及容许滑移量

要计算容许承载力，首先应确定在正常使用荷载作用下钢筋混凝土榫传剪器应处于哪一个工作阶段。

若钢筋混凝土榫传剪器处于拟弹性工作段，则其最大荷载仅约为破断荷载的 1/3 左右(第 4 章)，过于保守，同时其滑移量也较小，一般小于或等于0.1mm，在传剪器共同工作时，由于前排传剪器的滑移量过小，后排传剪器有可能未参与工作或分担的荷载过小，不能充分发挥传剪器群的承载能力。

若取屈服段作为计算依据，虽然此时滑移量较大，有利于发挥传剪器群的作用，但屈服后传剪器的变形发展有一定的离散性，使得设计人员不易准确把握结构行为，这也是不可靠的。因此建议取弹塑性工作段的末端，也就是即将屈服时作为正常使用容许承载力的计算依据。

由于素混凝土试件破断的极限滑移量在 1.3 ~1.9mm 之间，钢筋混凝土榫试件屈服时的滑移量一般在 1.2 ~ 1.9mm 之间,稍偏安全地建议取 1.2 ~ 1.4mm 作为容许滑移量,并将此时钢筋混凝土榫传剪器承担的荷载作为容许承载力。

2.3.2　容许承载力的计算

(1)影响因素分析

表 2-2 给出了 2.2 节中各组钢筋混凝土榫试件在滑移量为 1.2mm 时的承载力,在试件编号中以前缀 A-、B-、C-分别表示第 1 ~ 第 3 批次。

正常使用承载力　　表 2-2

试件编号	混凝土立方体强度(MPa)	混凝土榫直径(mm)	芯棒钢筋直径(mm)	计算值(kN)	实测值(kN)	计算值/实测值
A-SB60-22-1	43.3	60	22	403	405	0.995
A-SB60-22-2	43.3	60	22	403	416	0.969
A-SB60-16-1	36.3	60	16	368	369	0.998
A-SB60-16-2	36.3	60	16	368	328	1.123
A-SB45-16-1	36.3	45	16	283	330	0.859
A-SB45-16-2	36.3	45	16	283	290	0.977
A-SB45-12-1	36.3	45	12	282	316	0.891
A-SB45-12-2	36.3	45	12	282	298	0.945
B-SB45-16-1	28.4	45	16	259	254	1.018
B-SB45-16-2	28.4	45	16	259	237	1.092
B-SB60-20-1	29.6	60	20	331	320	1.035
B-SB60-20-2	29.6	60	20	331	308	1.075
C-SB60-0-1	34.2	60	0	354	326	1.086
C-SB60-0-2	34.2	60	0	354	358	0.989
C-SB60-0-3	34.2	60	0	354	373	0.949
C-SB60-20-I-1	44.0	60	20	405	454	0.891
C-SB60-20-I-2	44.0	60	20	405	424	0.954
C-SB60-20-I-3	44.0	60	20	405	396	1.022
C-SB60-20-I-4	44.0	60	20	405	407	0.994
C-SB60-20-II-1	34.2	60	20	360	362	0.996
C-SB60-20-II-2	34.2	60	20	360	383	0.941
C-SB60-20-II-3	34.2	60	20	360	379	0.951
C-SB60-20-II-4	34.2	60	20	360	355	1.015

注:D60-0 作为芯棒钢筋直径为 0 的特例计入。

综合表 2-1 及表 2-2 可知，第二、三批次 SB60-20 及第一、二批次的 SB45-16 试件除混凝土强度不同外，其余参数均相同，但二者的正常使用承载力却有较为明显的差别，表明混凝土强度是影响正常使用承载力的重要因素。比较 SB60-16 和 SB45-16 试件可知，前者的正常使用承载力较后者要高，这表明混凝土榫的直径也是影响正常使用承载力的因素之一。SB60-0 和 SB60-20 的差别是 SB60-0 为无芯棒钢筋，而二者正常使用承载力也有一定差别，因此芯棒钢筋也是影响正常使用承载力的因素之一。由于在本次试验中芯棒钢筋均为 HRB335，因此无法分别讨论钢筋直径和强度的影响，这里以 $f_y A_{tr}$ 的形式计入其影响，其中 f_y 为芯棒钢筋屈服强度，A_{tr} 为芯棒钢筋剪切面积。

(2)计算方法

根据上述分析，结合参考文献[8～10]的计算模式，通过多种回归模式的分析比较，将容许承载力的计算模式取为式(2-1)，并通过回归分析确定了参数 α、β、γ：

$$V_s = \alpha\sqrt{f_c A_c} + \beta f_y A_{tr} + \gamma \tag{2-1}$$

式中：V_s——钢筋混凝土榫传剪器的容许承载力，kN；

f_c、f_y——分别为混凝土的立方体强度和芯棒钢筋的屈服强度，kPa；

A_c、A_{tr}——分别为混凝土榫和芯棒钢筋的横截面面积，m^2；

α——混凝土榫影响系数，取 $\alpha = 33.5$；

β——芯棒钢筋影响系数，取 $\beta = 0.057$；

γ——回归常数，取 $\gamma = 25$。

从表 2-2 可知，式(2-1)的计算结果与实测结果吻合良好。α 比 β 要大得多，这表明在弹塑性工作段，混凝土榫承担了大部分荷载，起主导作用，芯棒钢筋的作用不大，当混凝土榫被剪断后，芯棒钢筋才开始起主要的承载作用。

2.4 传剪器数量的确定

传剪器数量应根据传递主缆拉力的需要确定，且应保证在正常使用荷载作用下，传剪器承担的最大荷载不大于容许承载力。直观上可简单地采用锚固结构需传递的主缆拉力与传剪器容许承载力的比来作为传剪器数量，但这是假定了各排传剪器的受力是均匀的。实际上，根据现有混合结构钢—混结合段的研究资料来看，对于由多排传剪器构成的传剪器群，各排传剪器的剪力分布(各排连接器分担荷载的大小）是不均匀的，沿传力方向总体上呈前大后小的趋势，而且随着荷载的变化，传剪器群的剪力分布、钢板的内力分布和传剪器的变形均处于复杂的演变过程中，上述的简单方法在原理上是可行的，但需要考虑剪力不均匀的修正。

在已探明锚固系统传力机理、传剪器剪力分布规律时，可以根据传剪器的容许承载力和剪力分布规律计算出传剪器的数量，在没有相关研究时，需采用试算迭代的方式确定传剪器数量，具体可按图2-18的步骤进行。

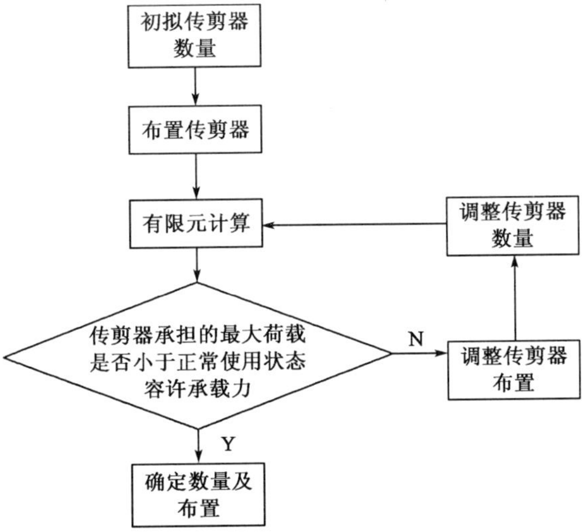

图2-18　传剪器数量确定流程

从上述流程图可以看出，传剪器的数量确定可分为初步拟定和计算确定两步，若初步拟定的数量相对准确，则可大大减少迭代次数，提高计算效率。根据南京长江四桥设计经验，初步拟定传剪器数量时可按下式计算：

$$n = \frac{T}{\alpha \times [P]} \tag{2-2}$$

式中：n——传剪器数量；

T——锚固单元承受的主缆拉力；

$[P]$——传剪器容许承载力；

α——传剪器剪力不均匀系数，对于混凝土榫直径60mm，芯棒钢筋直径20mm的传剪器，α可取为0.4，该数据是在大量计算的基础上通过回归分析确定的。

在初步确定传剪器数量后即可按上述的迭代流程确定传剪器的数量，南京长江四桥采用上述公式初拟传剪器数量后，仅迭代两步即确定了传剪器数量。

2.5 传剪器布置原则及钢板厚度的选择

2.5.1 传剪器布置原则

传剪器的布置目前尚难以通过简单的计算来确定，而且由于传剪器群的剪力分布不均匀，传剪器的布置对传剪器群的承载能力有明显影响，从而可能影响传剪器的数量，因此传剪器布置与数量的确定是两个相互耦联的问题，这是在图2-18中当传剪器的承载力不满足要求时，需同时调整传剪器布置和数量的原因。

尽管目前传剪器的布置尚不能定量确定，但根据现有的研究成果提出若干布置原则，对于指导设计、减少试算迭代次数仍是大有裨益的。

从尽量增大锚碇混凝土的应力扩散区来说，传剪器布置区长度应尽量大，即在传剪器数量一定的条件下，采用较大的传剪器间距。但传剪器间距越大，各排传剪器的剪力分布就越不均匀，前排传剪器的分担的主缆拉力越大，不利于充分发挥传剪器群的整体承载力。传剪器间距小，可使各排传剪器的剪力分布较为均匀，但间距过小又使锚体混凝土的应力扩散区减小，与分布传力锚固的理念相悖。而且传剪器间距过小时，还会出现传剪器应力扩散区叠加的问题，导致混凝土局部应力过大。

从剪力分布前大后小的总体规律来看，传剪器布置可采用“喇叭形”分布方式，这样，在受力较大的前端布置较多的传剪器，在受力较少的后端布置较少的传剪器，与总体分布规律一致，可以较好地发挥传剪器群的承载力。但这样在传剪器总数一定时必然带来锚固板尺寸的增大，而且传剪器分布极不规则，会给锚固板加工和传剪器钢筋的定位带来较大困难，在实际工程中不便于实施。在南京长江四桥的设计中，经综合考虑采用了等间距矩形布置的方式(详见2.6节)。

从上述分析可看出，传剪器的布置总体上应综合考虑：①满足分布传力的要求，增大锚碇混凝土的应力扩散区；②尽量使各排传剪器分担的剪力相对均匀，充分发挥传剪器群的整体承载力；③传剪器的最小间距应不小于单个传剪器的应力扩散区(约20cm)；④便于锚固板加工和土建工程施工。

2.5.2 钢板厚度的选择

最后值得一提的是，锚固钢板厚度的选择应综合考虑锚固板承受拉力和传剪器受力的需要。锚固钢板厚度不宜过薄，有试验资料表明钢板厚度小于16mm后，有可能出现混凝土榫在钢板开孔内被压碎、芯棒钢筋弯曲的情况，其破坏形态与2.2.3节完全不同，此时无论是承载力还是滑移量都会大打折扣。

2.6　应用实例——南京长江四桥

2.6.1　总体设计

南京长江四桥位于江苏省南京区段内，在南京二桥下游约10km处，是国家高速公路网和多条国道主干线在南京节点上的重要过江通道。主桥为三跨连续钢箱梁悬索桥，桥跨布置为576.2m+1 418m+481.8m，全长2 476m，为跨度“世界第五”的大跨径桥梁，也是跨度“中国第一”的三跨悬索桥。单根主缆拉力约280MN，设计中研发了主缆分布传力锚固系统，并成功应用于该桥建设中。

南京长江四桥锚碇锚体与地连墙基础顶板连为一体。锚体全部采用C30混凝土浇筑。主缆采用分布传力锚固系统，总体布置如图2-19（以北锚碇示）所示。单侧锚体沿横桥向共9块锚固板，锚固板厚度28mm，采用Q345D材质。索股

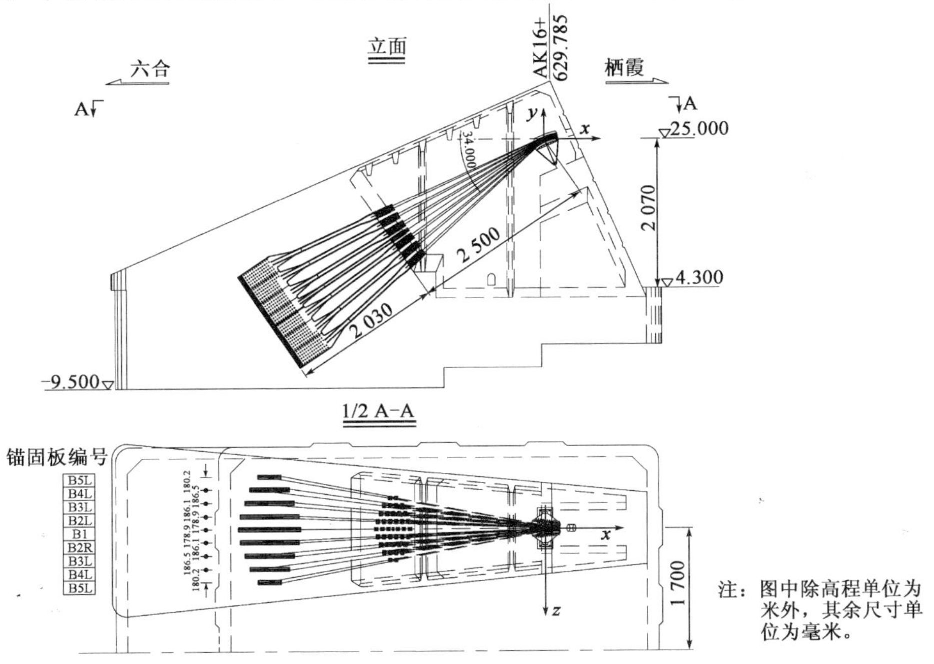

图2-19　锚固系统总体布置

通过锚固箱与钢拉杆、锚固板连接，分四索股锚固、双索股锚固和单索股锚固三种锚固方式。锚固板后部布置传剪器，作为传递主缆拉力的主要传力元件。锚固板后端沿板宽方向左右各设一条宽度250mm，板厚28mm的承压板，并设置板厚20mm承压板加劲肋，以分担部分荷载，同时提供强大的安全储备。

钢筋混凝土榫传剪器芯棒钢筋应居于钢板开孔中心，以保证传剪器充分发挥其性能。为确保锚固板与混凝土无黏结接触，使索股力顺畅传递至锚固区域，除混凝土榫传剪器锚固区域外，混凝土内的锚固板均设置了钢板防护设施。

2.6.2 锚固板设计

根据试验研究结果，采用SB60-20和SB45-16两种形式传剪器，以SB60-20传剪器为主，SB45-16仅在局部布置（见下文）。按照钢筋混凝土榫传剪器处于弹塑性状态而未进入屈服状态考虑，SB60-20传剪器正常使用状态容许承载力采用300kN，对应滑移量为1.03mm；SB45-16传剪器正常使用状态容许承载力为250kN，对应滑移量为1.36mm。

在恒载+活载+温度作用下，南京长江四桥单个锚固单元承担的最大主缆为7 300kN，SB60-20传剪器容许承载力为300kN，剪力不均匀系数0.4，按式(2-2)计算可得：

$$n = \frac{T}{\alpha \times [P]} = \frac{7\,300}{0.4 \times 300} = 60.8 \tag{2-3}$$

即标准锚固单元件共需SB60-20钢筋混凝土榫传剪器61个（7 300×2.5/300=60.8），取60个作为迭代计算的初值。

根据传剪器布置原则，传剪器采用了等间距布置的方法，标准锚固板布置10排SB60-20钢筋混凝土榫传剪器，传剪器间距为0.35m（索股方向）×0.4m（高度方向），在B1～B4则布置了12排0.35m（索股方向）×0.4m（高度方向）间距钢筋混凝土榫传剪器。前2排仅在锚固板两侧布置，为SB45-16传剪器，后10排也为SB60-20传剪器，详见图2-20和图2-21。

锚固板间设置横向连接杆件，与锚固板一起构成框架，可见在分布传力锚固系统中锚固板自身即为定位系统的一部分，因此可以大大简化其定位框架，从而节约临时结构用钢量，这一问题在第5章中有详细讨论。

由于钢筋混凝土榫传剪器芯棒钢筋定位精度高，为便于定位，在锚固板侧设置了钢筋定位桁架。芯棒钢筋定位桁架由 40mm × 40mm × 4mm 和 75mm × 75mm × 8mm 等型号角钢组成网片并两两连接，这一措施在施工中发挥了较好的作用。

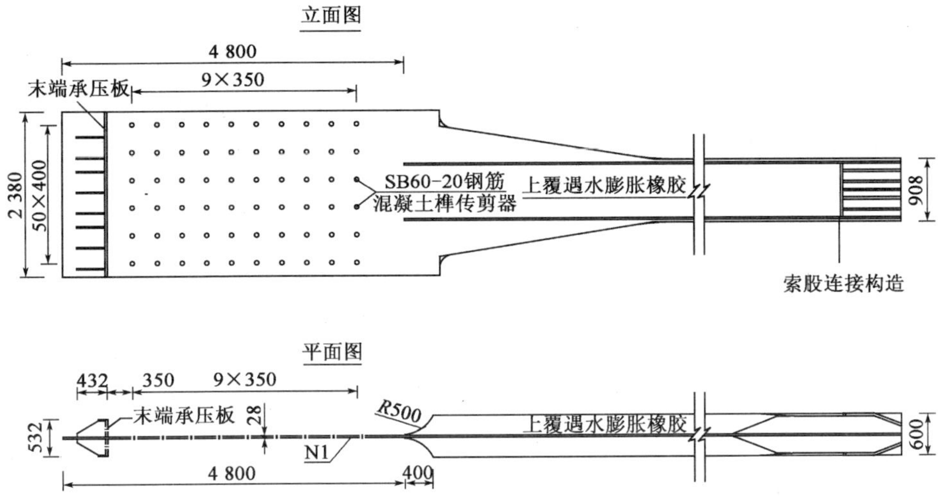

图 2-20　标准锚固单元构造（尺寸单位：mm）

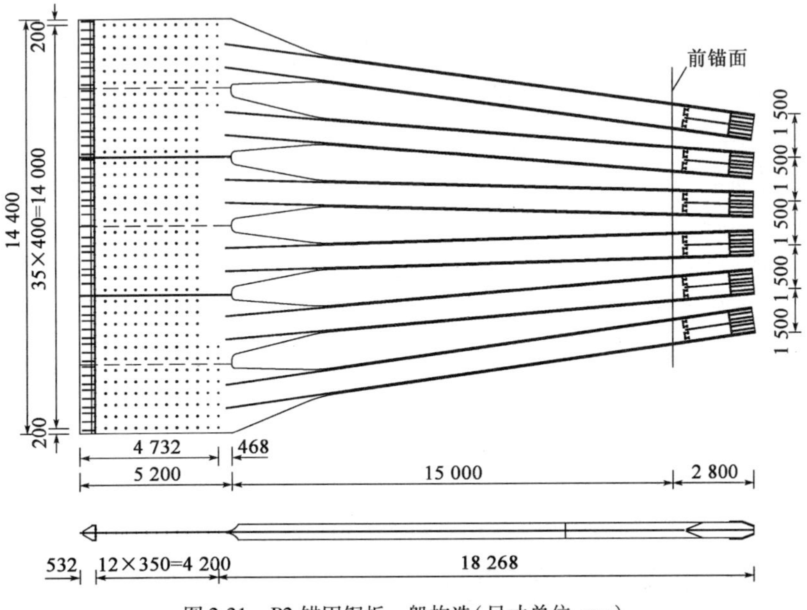

图 2-21　B2 锚固钢板一般构造（尺寸单位：mm）

2.6.3 钢拉杆及索股锚固结构

对于单索股、双索股和四索股,钢拉杆均采用宽翼缘工字形截面,四索股拉杆在锚固箱附近,由锚固箱中间加劲向后端延伸形成“王”字形截面。钢板表面贴附 10mm 厚氯丁橡胶板无黏结层,外包 2mm 厚钢板,边缘用 M6 螺栓夹紧固定,橡胶板在螺栓位置每 400mm 贴附一条,宽度 200mm,起到破坏锚体混凝土与钢拉杆间黏结的作用(图 2-22)。

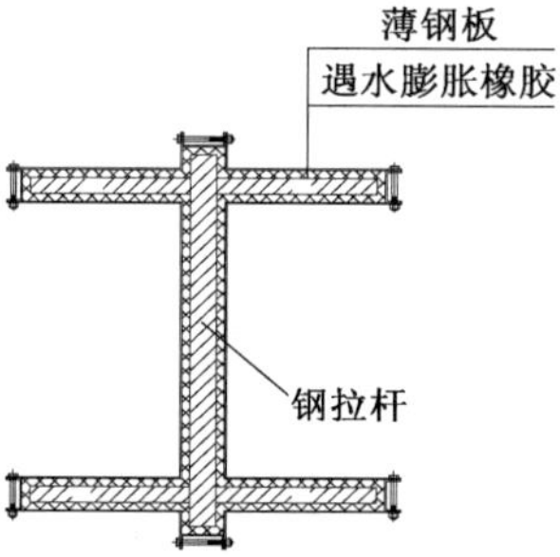

a)工字形

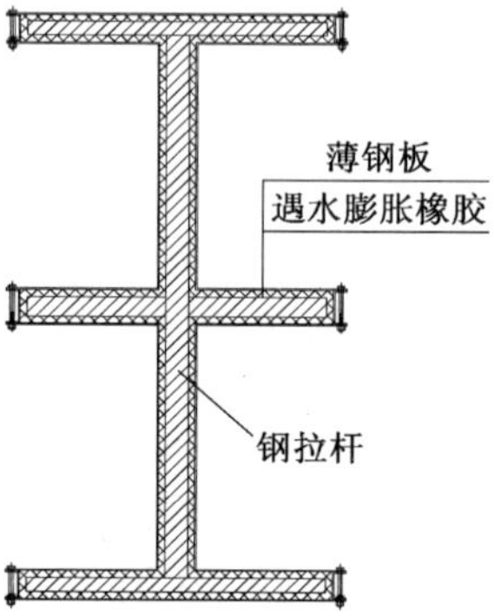

b)“王”字形

图 2-22 钢拉杆截面及防护

为防止雨水及空气中的冷凝水沿拉杆渗入锚固区域,在靠近锚固区域端将防护钢板弯起并形成封闭止水槽,槽内铺设 BW 遇水膨胀橡胶止水带。事实上,在施工中,由于混凝土侧压力的挤压,锚体混凝土、橡胶板、钢拉杆间贴合非常好,可以起到阻水的作用,这对于提高锚固系统的耐久性是有利的。

索股锚固构造根据锚固索股的数量(单索股、双索股、四索股)有三种形式,均采用后锚梁锚固系统中常用的钢锚箱式。单索股和双索股的锚固构造已较为成熟,这里不再赘述,作为实例,图 2-23 中给出了四索股锚固的构造,承压板厚度及加劲肋厚度均为 32mm。

2.6.4 末端承压板

末端承压板是作为安全储备而设计的,在正常使用荷载作用下分担的荷载并不大。末端承压板为全焊钢结构,由承压板、围板及其加劲板构成,承压板厚 28mm,加劲板及围板厚度均为 20mm。标准锚固单元末端承压板构造如图 2-24 所示。

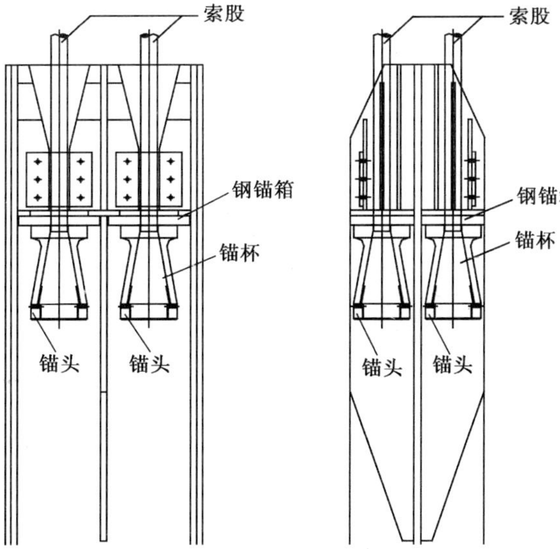

图 2-23 索股锚固构造

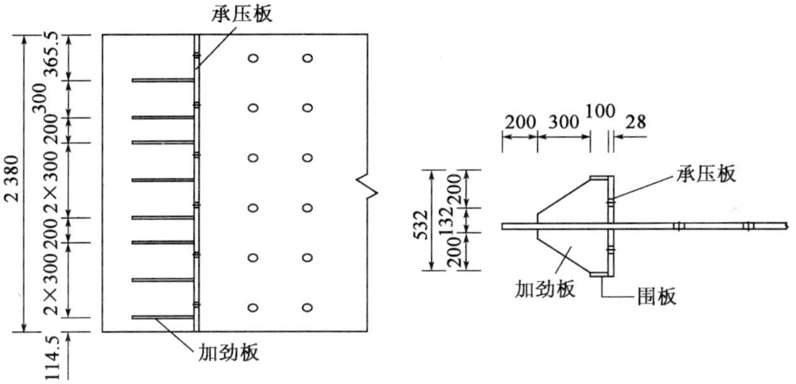

图 2-24 标准锚固板单元末端承压板构造(尺寸单位:mm)

2.6.5 锚体设计

锚体采用 C30 现浇混凝土,在横桥向布置有直径 ϕ20(及少量 ϕ16)的 HRB335 钢筋混凝土榫芯棒钢筋,沿锚固钢板长度方向和高度方向也布置有纵向和竖向钢筋,这部分钢筋既作为锚体混凝土的加强钢筋,也起到为钢筋混凝土榫传剪器芯棒钢筋定位的作用。芯棒钢筋、纵向钢筋和竖向钢筋构成三维钢筋骨架。在距第一排传剪器约 3.5m 的位置还布置有三层钢筋网片。因承压板下混凝土应力很低,未设置专门的加强钢筋网。锚体混凝土的配筋情况如图 2-25 所示。

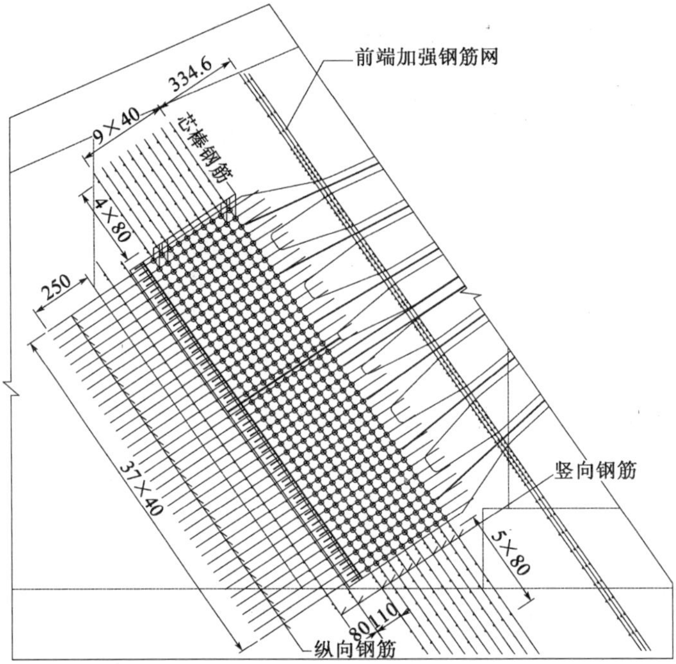

图 2-25　锚体钢筋构造示意(尺寸单位:mm)

2.6.6　结构分析验证

上述传剪器布置原则是否适当、分布传力锚固的理念是否成立,需要试验和计算分析的验证,为此,在设计中对单个锚固单元进行了 1∶1 足尺模型试验,并对锚固结构整体进行了有限元计算分析,模型试验详见"第 3 章　传力机理与承载力试验",计算采用的简化有限元分析原理和方法,详见"第 4 章　锚固结构计算方法",这里仅给出计算模型(图 2-26、图 2-27)和计算结果,计算用荷载为恒 + 活 + 风最不利组合下的主缆拉力(7 300kN)。

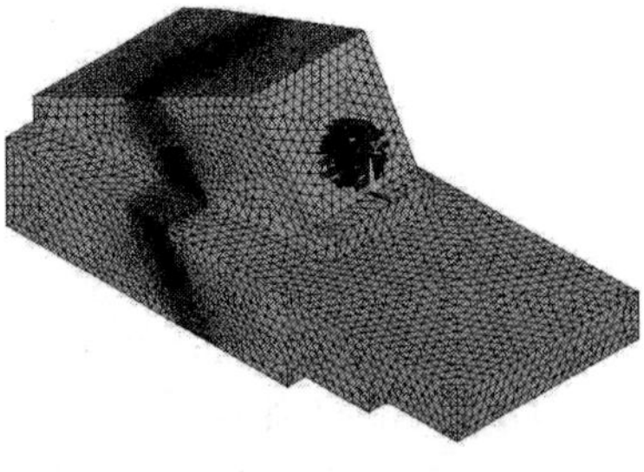

图 2-26　总体有限元模型

(1)锚体混凝土应力

图 2-28 给出了分布传力锚固系统的锚体主拉应力分布,对比图 2-28 和图 1-25 可看出,

相对于钢框架后锚梁锚固系统，分布传力锚固系统扩大了传力区域，减小了应力集中。

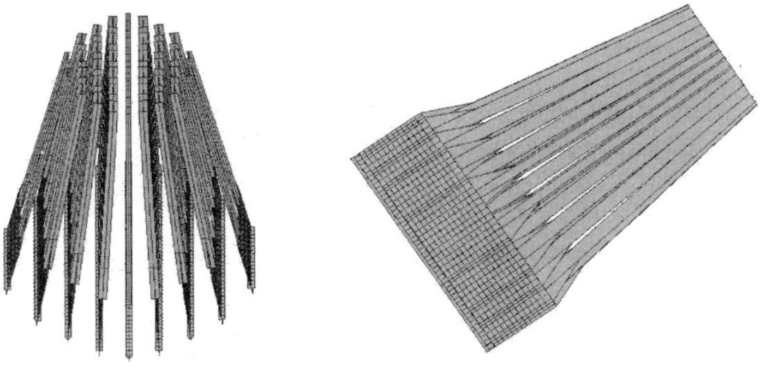

图 2-27　锚固钢板几何模型

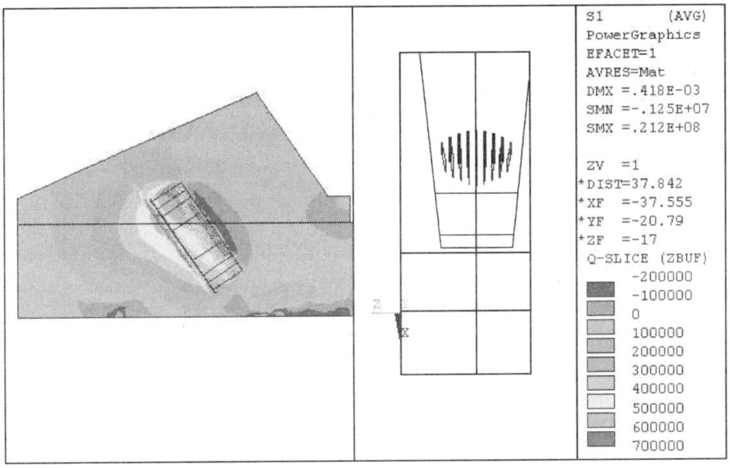

图 2-28　分布传力锚固系统锚体主拉应力

(2)传剪器最大剪力及滑移量

由于锚碇共 9 块锚固板，其中受力最大的为 B2 锚固板，SB60-20 传剪器各排平均最大剪力 234kN，对应滑移量 0. 32mm。第 1 排 SB45-16 传剪器形式，最大平均剪应力 208kN，对应滑移量 0. 52mm。无论是传剪器承载力还是滑移量均小于试验推荐采用的容许值。需要说明的是，由于单排传剪器纵向受力差异非常小，此处仅对平均剪应力进行说明。

由于索股的传力方向与锚固板锚固区域有夹角，加上锚固型钢传力扩散影响，因此，传剪器在横向上也受力。

从横向受力分布来看,锚固区域传剪器横向受力沿锚固板中心上下对称,且越靠近承压板受力越小,接近于零。横向明显受力的是 1 ~5 排,传剪器的受力应是纵向与横向受力的矢量叠加,设计中已考虑这一因素。

(3)锚固板应力

由图 2-29 可看出,除前锚固端及局部应力集中外,锚固结构应力水平小于 145MPa,受力最大为钢拉杆。锚固区域前端应力约 120MPa,至后端承压板位置渐次减小至 0MPa。从锚固板的应力分布可看出,主缆拉力是渐次传递到锚体混凝土中的。对于传力机理问题,在第 3 章中通过足尺模型试验有专门研究,这里不再赘述。

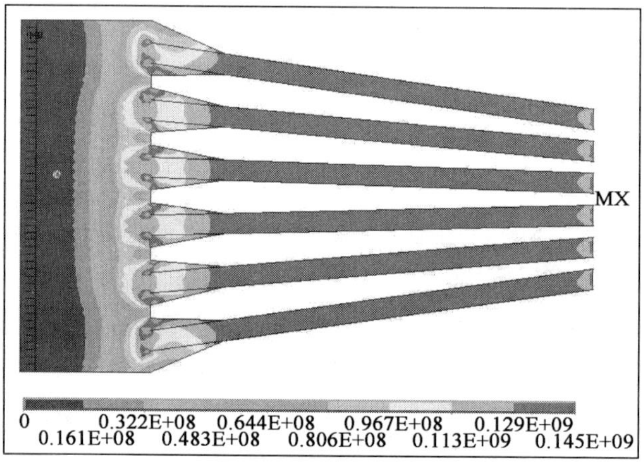

图 2-29　B2 钢板 Von Mises 应力(Pa)

在钢拉杆与锚固板过渡区域的角点位置有少量的应力集中,其原因是在模拟此区域时对模型进行了简化,采用了直线直接相接方式,而在实际结构中这一区域是采用圆弧过渡的(图 2-21),并不存在这样的角点,也不会出现这样的高应力区。

本章参考文献

[1] Oguejiofor. E C, Hosain. M N. A Parametric Study of Perfoband Rib Shear Connectors[J]. Canadian Journal of Civil Engineering, 1994, 21(4).

[2] Oguejiofor. E C, Hosain. M N. Behavior of Perfoband Rib Shear Connectors in Composite Beams: full size test[J]. Canadian Journal of Civil Engineering, 1992,19(2).

[3] Veldanda. M R, Hosain. M U. Behavior of Perfoband Rib Shear Connectors: push-out test[J]. Canadian Journal of Civil Engineering, 1992,19(1).

[4] 南京长江第三大桥索塔钢—混凝土结合段传力机理与试验研究[R]. 西南交通大学,2006,19(6).

[5] 南京长江第四大桥锚碇传剪器承载力与滑移量试验研究[R]. 西南交通大学, 2007(9).

[6] 夏嵩,赵灿晖,张育智,李乔. 钢筋混凝土榫传剪器极限承载力的试验研究[J]. 西南交通大学学报, 2009(2).

[7] 张清华,李乔,唐亮. 桥塔钢—混凝土结合段传剪器破坏机理及极限承载力[J]. 中国公路学报,2007,20(1).

[8] Eurocode 4. Design of Composite Steel and Concrete Structures(Part 2):Composite Bridges[S].

[9] Oguejiofor. E C, Hosain. M N. A Parametric Study of Perfoband Rib Shear Connectors[J]. Canadian Journal of Civil Engineering,1994,21(4).

[10] J P S Candido-Martins, L F Costa-Neves, P C G da S. Vellasco. Experimental evaluation of the structural response of Perfobond shear connectors[J]. Engineering Structures, 2010,32.

[11] Jin-Hee Ahn, Chan-Goo Lee, Jeong-Hun Won, Sang-Hyo Kim. Shear resistance of the perfobond-rib shear connectors depending on concrete strength and rib arrangement[J]. Journal of Construction Steel Research, 2010, 66.

[12] Isabel Valente, Paulo J S. Cruz. Experimental analysis of Perfobond shear connection between steel and lightweight concrete[J]. Journal of Constructional Steel Research, 2004, 60.

第3章　传力机理与承载力试验

分布传力锚固系统以传剪器群作为主要的传力机制，在工作过程中传剪器群内存在着复杂的剪力重分配过程。随着荷载的变化，传剪器群的剪力分布、钢板的内力分布和传剪器的变形均处于复杂的演变过程中，这使得传剪器群结构行为十分复杂。仅根据传剪器的结构行为难以准确评价锚固系统的安全性和构造设计的合理性。若设计不当，轻则造成钢结构与混凝土结构间剥离、混凝土结构开裂、钢结构损伤等难以修复的病害，直接影响结构的正常运营，重则直接危及结构安全。

另一方面，分布传力锚固系统结构新颖，对其传力机理（传剪器群的剪力分布）、滑移沿钢板长度方向的分布等基础性问题尚无研究，只有通过试验探明其力学行为，才能为传剪器的数量、布置方式、锚固区长度、构造形式等提供科学依据，也为分布传力锚固系统的推广应用提供坚实的技术基础。

在分布传力锚固系统的试验研究中，拟解决的问题主要包括：①探明锚固结构的传力机理；②验证锚固结构的安全性；③探讨锚固结构在使用荷载作用下的工作性能。

3.1　试验模型的设计

3.1.1　总体构思

锚固结构试验采用1∶1模型来进行。由于锚固结构体积庞大，对整个锚固系统进行加载试验是试验设备和试验经费所不允许的。研究锚固系统后发现，9块锚固板是相互独立的（图3-1），因此，可抽取其中的一块来进行试验，这里选择B3锚固板来进行试验。

即使如此，由于B3锚固板的高度达12m，承担的荷载近40 000kN，从加载能力和模型尺寸来说，依然较大，实施仍较为困难。进一步比较各锚固单元承担的荷载后可知，B3锚固板5个单元（图3-2）所承担的荷载较为接近，单元间相互影响不明显，可抽取其中一个单元进行试验，最终选择了单元3进行试验。

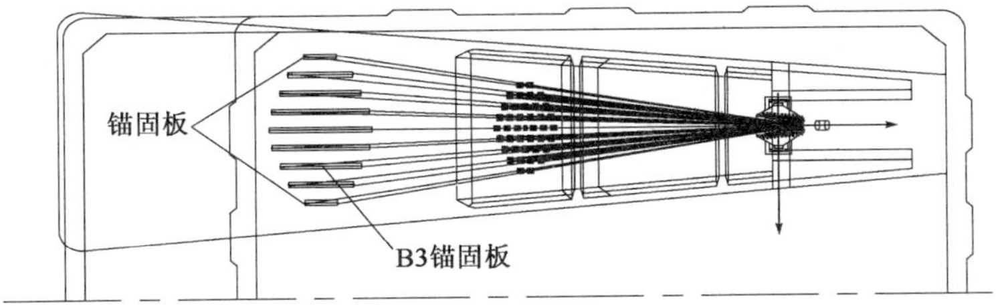

图 3-1　锚固结构示意

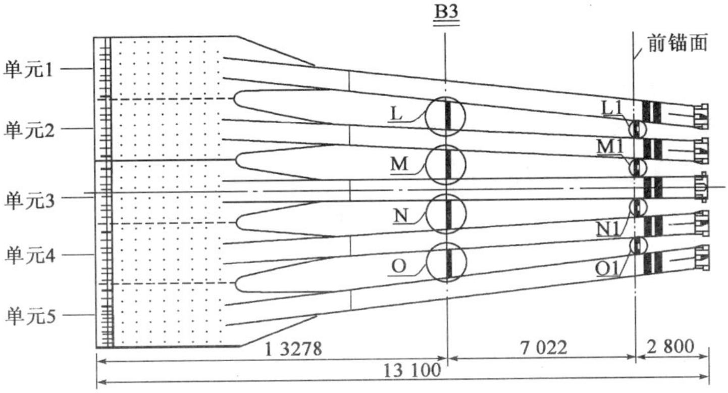

图 3-2　B3 锚固板构造示意(尺寸单位:mm)

在设计模型时还应注意,模型的边界条件应与原结构相似。在原结构中主缆锚固区混凝土的下端受到下部混凝土的约束,上端为自由面,这一情况决定了模型也应采用这样的约束方式。基于这一认识,试验模型包括底座、混凝土块、传剪器群和锚固连接钢板四部分,如图 3-3 所示。底座用于为模型主体提供固结边界条件,钢板长边沿水平方向布置并锚固于传剪器群,外荷载沿钢板长边方向施加,这样可满足模型混凝土块的边界条件与原结构一致。

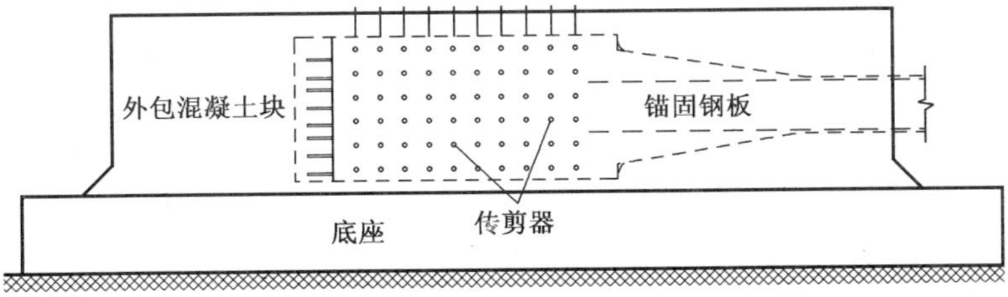

图 3-3　模型总体结构示意

传剪器的规格采用施工图设计中使用的 SB60-20，即钢板开孔直径 60mm、芯棒钢筋直径 20mm 的钢筋混凝土榫传剪器。试验人员制作了相同的两个试验模型，两个模型的试验结果相互印证，以避免偶然因素对试验结果的不利影响。

3.1.2 模型设计

(1)钢结构设计

试验模型的钢结构部分主要包括锚固板和索股锚固锚箱两部分。锚固板就其功能可分为索股锚固连接区、传力区(拉杆)和应力扩散区三个部分。锚固板的一般构造如图 3-4 所示。索股锚固连接区是传递主缆荷载的主要区域，这一部分不允许简化，因此这一部分模型的构造形式和尺寸完全与施工图相同。应力扩散区的作用是将主缆荷载均匀地扩散到锚固传力区，计算表明，施工图设计所采用的应力扩散区长度适宜，在模型设计中也不能简化，因此，这一区域的构造尺寸也完全与施工图设计相同。

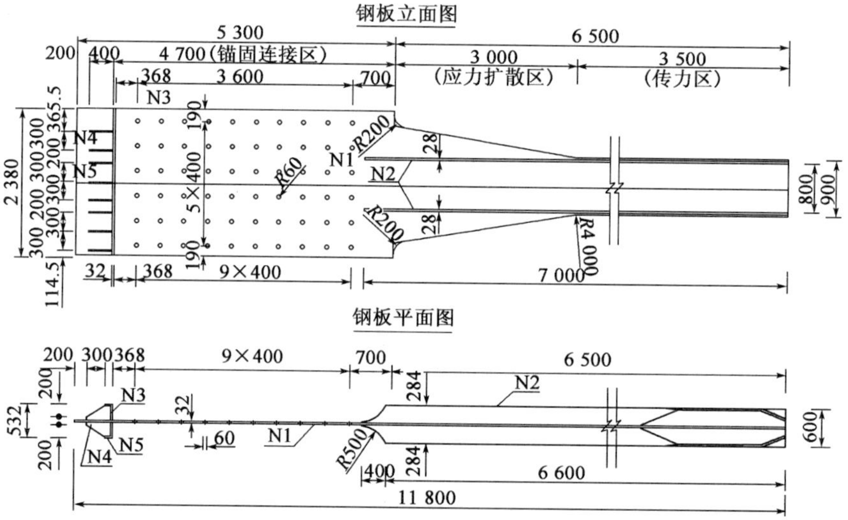

图 3-4 锚固板构造(尺寸单位：mm)

传力区为“工”字形断面，其作用是一方面将主缆拉力传递到应力扩散区，另一方面将主缆拉力均匀地分布在工字钢断面上。计算表明，当该区域的长度为 3.5m 时，已能达到将主缆拉力均匀地分布在工字钢断面上的目的(图 3-5)，因此该段的长度取为 3.5m，其余断面尺寸、钢板厚度均按施工图中的尺寸设计。传剪器的间距是影响各排传剪器剪力分布的重要因素，为确保试验结果的可靠性，传剪器间距必须与施工图设计一致，即纵向间距为 0.35m，横向间距为0.4m。

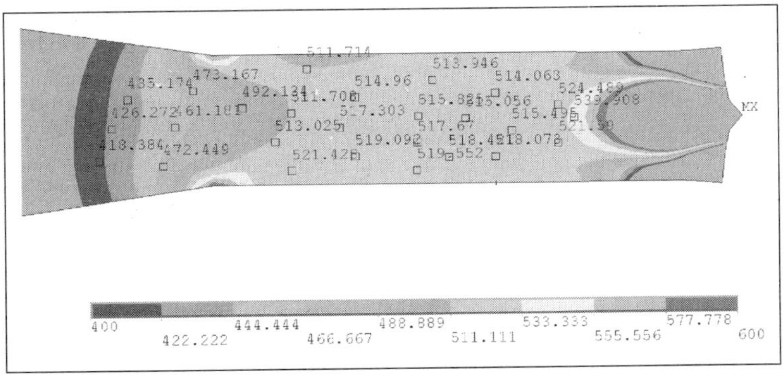

图3-5 拉杆长度验证计算

(2)混凝土结构设计

混凝土结构包括锚体混凝土块和底座两部分,均为C30混凝土。锚体混凝土块的构造尺寸对传剪器群的剪力分配有较大影响,其尺寸应尽量与施工图设计一致,原则上其宽度应与板的间距相同。试验所选择的B3锚固板与B2锚固板的间距为1.51(第一排传剪器处)~2.01m(最后一排传剪器处),B3与B4锚固板的间距为1.52(第一排传剪器处)~2.02m(最后一排传剪器处),稍偏安全地取锚体混凝土前端宽度为1.5m,后端宽度为2.0m。锚体混凝土块的高度主要由锚固板宽度确定,试验所选的B3锚固板单元3的宽度为2.38m,最终取锚体混凝土块高度为3.0m。在原结构中锚体混凝土的长度达20m以上,受槽道长度限制,完全按原结构来设计,其长度将导致模型难以安装,而且也是不必要的,应对其长度做适当减小。在设计锚体混凝土长度时,主要应满足前端(加载端)端面距第一排传剪器有足够的距离,使应力有足够的扩散空间,此外还应保证第一排传剪器距加强钢筋网的间距与设计图一致;在后端,应尽量减小混凝土块与底座交界处的拉应力,防止锚体混凝土块破坏。计算表明,当锚体混凝土后端面与锚固板后端面间的距离为3m时,锚体混凝土后端面的主拉应力不大于1.0MPa,当前端加强钢筋网距前端面的距离为1.9m时,前端面的主拉应力也不大于1.0MPa,已能够满足上述要求。锚体混凝土块的总长为12.8m。

底座的作用是为锚体混凝土提供固结边界条件,应保证其承载能力大于传剪器群的承载能力,即不能先于传剪器破坏;同时,其尺寸还应与加载设备相配合。由于试验室槽道间距为2m,考虑到底座锚固的需要,其宽度取为2.5m,其厚度主要由承载能力确定,即应保证传剪器先于底座破坏。计算表明当底座厚度为1.2m时,其上缘应力不大于1.5MPa,其安全性能得到保障,考虑到与加载设备配合,取底座厚度为 1.28m。底座的长度主要由锚体混凝土块的长度决定,同时应考虑底座与槽道锚固设施的布置,综合考虑后其长度取为 14.1m。模型的一般构造见图 3-6。

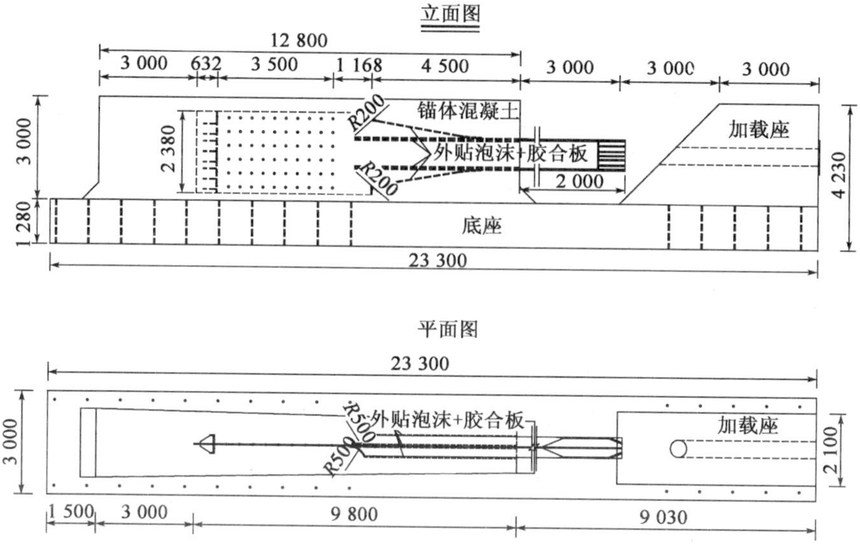

图 3-6　试验模型一般构造(尺寸单位:mm)

对于锚体混凝土块,传剪器附近的钢筋可能对传剪器的工作性能产生影响,因此传剪器附近的钢筋无论是钢筋间距、直径还是钢筋布置均应与施工图设计一致。对于外围钢筋,由于混凝土块的表面应力较小,因此外围钢筋采用构造配筋即可。

与外包混凝土块相似,对于底座,有限元计算表明,其表面应力也较小,因此也采用构造配筋。顶面纵向采用 ϕ25mm,横向采用 ϕ16mm,网格尺寸 150mm × 150mm。底面纵、横向均采用 ϕ16mm 钢筋,网格尺寸为 150mm × 150mm。

3.1.3　加载及测试

(1)加载方案及加载设备

根据主缆拉力,一个锚固板单元的正常使用荷载按 8 000kN 计,为考察安全性,1 号试件最大荷载施加至 15 475kN,为使用荷载作用下最大主缆拉力的 1.94 倍,2 号试件最大荷载施加至 13 912kN,相当于最大主缆拉力的 1.74 倍。由于荷载较大,采用反力墙进行加载难以满足需要,试验中采用了自制的预应力加载座,与锚固结构形成自平衡加载体系(图 3-7)。锚于锚箱的钢绞线穿过预留孔洞,在反力座的另一侧通过张拉钢绞线加载。

两个试件均采用单调加载与反复加载相结合的加载方式。加载采用两个9 000kN千斤顶进行。具体的加载方法为:

①当第一排传剪器的滑移量小于0.5mm时,以1 000kN的荷载增量逐级加载。

②当第一排传剪器的滑移量大于0.5mm时,以500kN为荷载步长,逐级加载至最大荷载。

③卸载时分2～3级进行。

④加载到8 000kN之后,卸载到零,反复循环加—卸载3～5次,再继续加载到最高荷载。加载到最高荷载之后,先卸载到零,然后重新加到最高荷载,再卸载到6 000kN,再加到最高荷载,最后卸载到零。

(2)测试内容及方法

试验需测试内容包括荷载、传剪器群的剪力分布、滑移分布、锚固板应力分布四个方面。对于荷载量测,考虑到试验精度的要求,荷载主要通过压力传感器测量,而千斤顶油表读数则作为参考,二者形成双控。加载系统布置如图3-7所示。

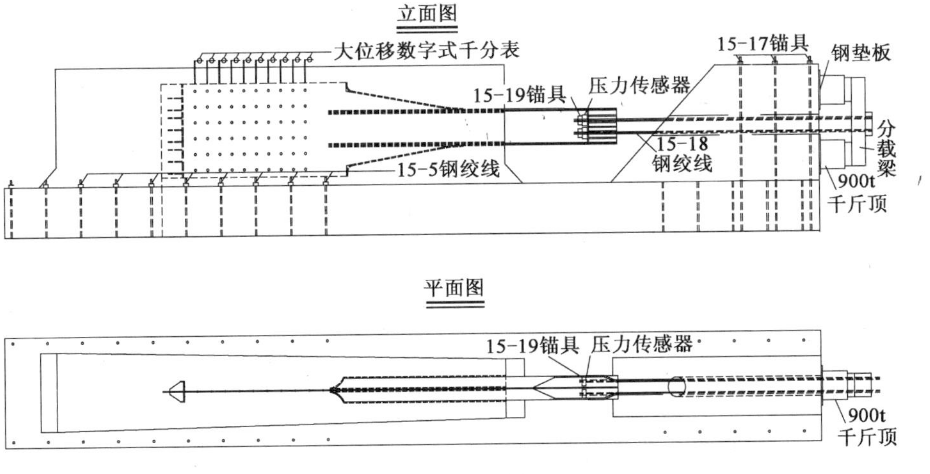

图3-7　加载系统布置

滑移分布通过密布的大位移数字式千分表,测量每一排传剪器处的滑移。具体方法是在钢板侧面对应于传剪器位置处设置位移引伸钢筋,在混凝土块上缘传剪器对应位置处安装千分表,表头顶于位移引伸钢筋上,由引伸钢筋将钢板滑移引至千分表处。该装置原理简明,测试结果直观。滑移测试设备布置如图

图 3-8　锚固板滑移测试

3-8 所示。

荷载沿各排传剪器的分布是试验研究的重点之一，但直接量测传剪器承担的荷载是较为困难的，试验中采用了量测钢板应变的间接方法解决这一问题。其原理是：通过密布应变片群测量钢板的应变分布，由于钢板仍保持弹性（图 2-29），通过应变分布可得到应力分布，然后根据每一排应变片处的应力可推算出该断面的内力，由每一排传剪器前后两排应变片断面处内力，可推算出该排传剪器承担的剪力，从而揭示了传剪器群的传力机理。在锚固结构验证试验中，采用双向应变片，一个模型共布置 144 片应变片。应变测点的布置情况见图 3-9。

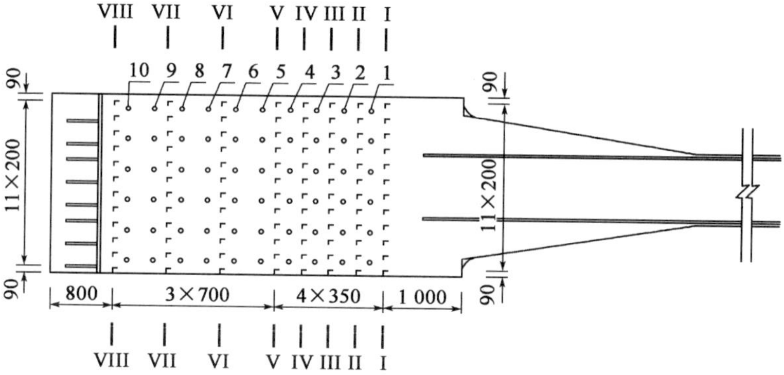

图 3-9　锚固板应变测点布置（尺寸单位：mm）

3.2　传力机理及承载力

3.2.1　传力机理

本次试验中，通过测量钢板应力的方式获得各测试断面的钢板拉力，而各测试断面的拉力差则为测试断面间传剪器承担的荷载。由于本次试验采用重复加载的方式，考虑到加载至 10 000kN 左右时，第 1 排传剪器的滑移量已达 1mm 左右，已接近第一排传剪器的屈服点，为减小重复加载的影响，对于 1 号试件截取第 5 次加载时即滑移量首次超过 1mm 的测试结果。基于相同的原因，对于 2 号试件截取了第 4 次加载时的测试结果。由于 1 号试件在加载至 10 866kN 后应变片损坏较多，为慎重起见，这里仅给出 2 000 ~ 10 866kN 的测试结果。

图 3-10 中绘出了 1 号试件各级荷载下各排传剪器的剪力分布情况，图 3-11 给出了 1 号试件各级荷载作用下各排传剪器分担荷载百分比的情况，这可以反映出各排传剪器的剪力随荷载增大的演变过程。为清晰计，在图 3-12 中进一步给出了第一级荷载和最后一级荷载作用下，各排传剪器分担荷载的百分比，由此可看出各排传剪器剪力分布的演变结果。

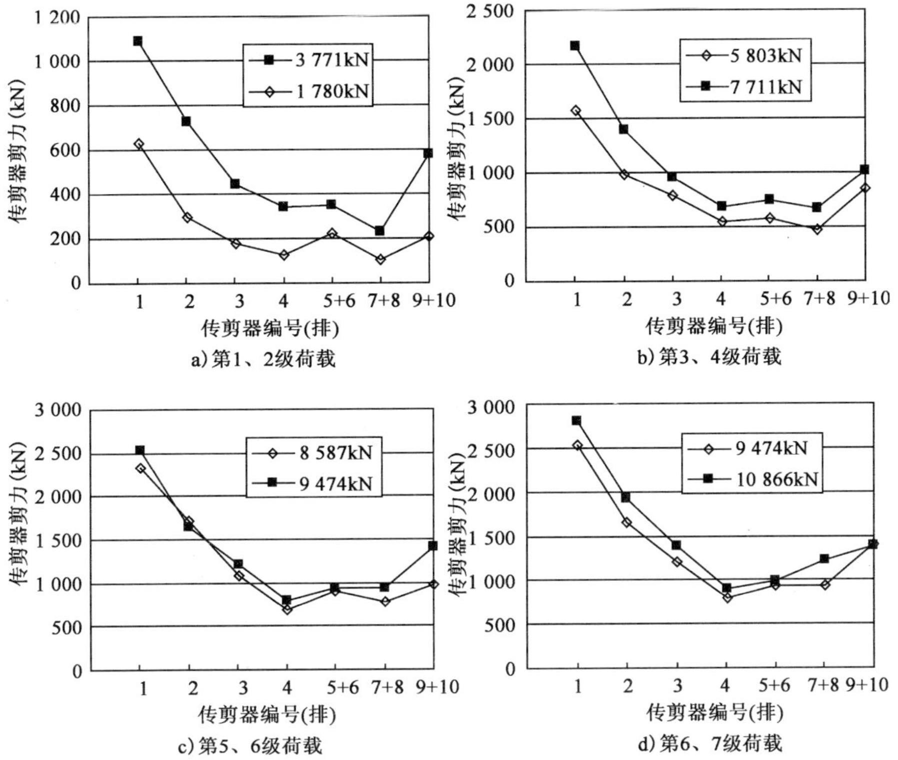

图 3-10　1 号试件各级荷载作用下各排传剪剪力分配

需特别说明的是，图 3-10 ~ 图 3-12 中（1 号试件结果）横坐标“5 + 6”表示第 5 排和第 6 排，对应于图 3-9 中测试断面 Ⅳ ~ Ⅴ 间的传剪器分担的荷载，“7 + 8”、“9 + 10”的意义与“5 + 6”相同，其中“9 + 10”中包含末端承压板承担的荷载，分别对应于图 3-9 中 Ⅴ ~ Ⅵ、Ⅵ ~ Ⅷ 间的传剪器分担的荷载。

图 3-13 ~ 图 3-15 给出了 2 号试件各级荷载下各排传剪器的剪力分布情况，图中“5 + 6”、“7 + 8”、“9 + 10”的意义同前，但“9 + 10”仅为第 9 排和第 10 排传

剪器分担的荷载，末端后锚梁分担的荷载为横坐标中“H”对应数值。

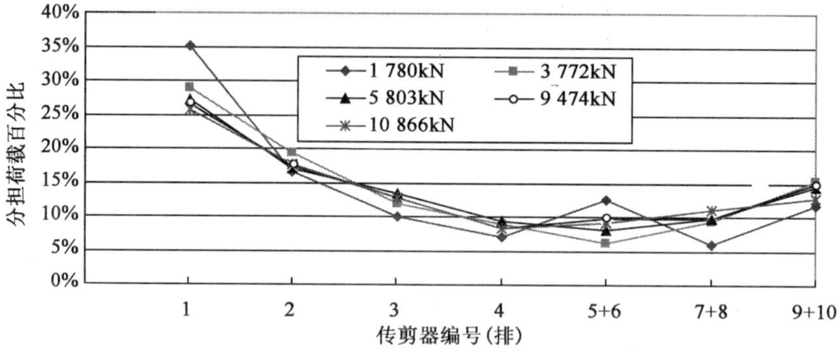

图 3-11 1 号试件各级荷载作用下各排传剪器分担荷载百分比

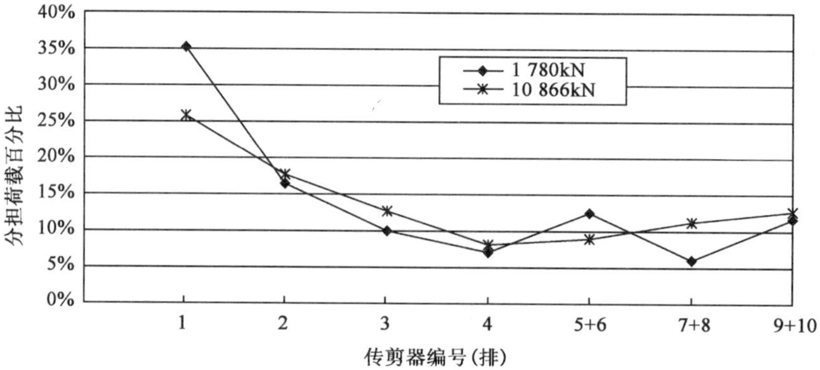

图 3-12 1 号试件第 1、7 级荷载作用下各排传剪器分担荷载百分比

试验表明，在主缆拉力作用下，无论是 1 号试件还是 2 号试件，各排传剪器均参与工作，这表明主缆拉力是通过多排传剪器逐渐传递到锚体混凝土中的，传力区域为第 1 排传剪器至末端后锚梁间，试验情况与设计预想情况吻合，通过试验验证了分布传力的理念是可行的。这一传力方式明显有别于传统后锚梁在后锚面集中传力的方式，增大了主缆拉力的传递区域，有利于解决后锚面应力集中的问题。

从图中可看出，各排传剪器分担的荷载不同，传剪器的剪力分布呈由前向后逐次减小的趋势，靠近加载端的传剪器分担的荷载最多，之后依次减小，可见简单地以单个传剪器承载力的总和来评价锚固结构的做法是不恰当的，而且是偏于不安全的。传剪器群的承载力计算是一个复杂的问题，要较为准确地评估传剪器群的承载力，需在较为全面地探明其结构行为的基础上才能进行。

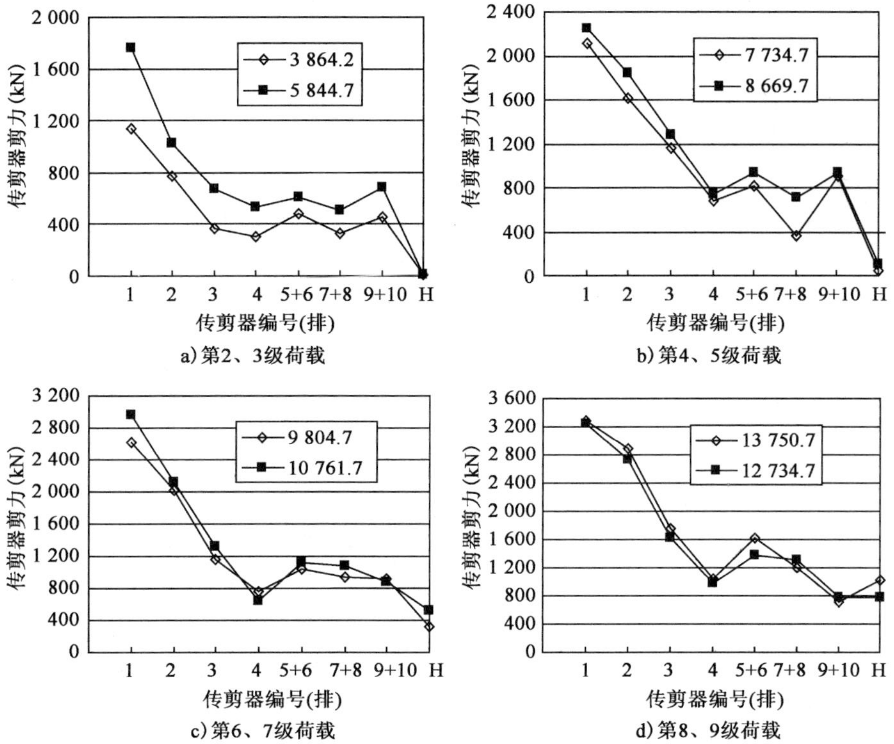

图 3-13 2 号试件各级荷载作用下各排传剪器剪力分配

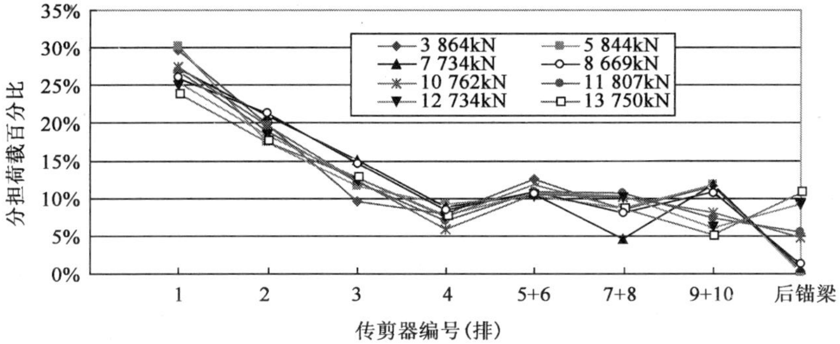

图 3-14 2 号试件各级荷载作用下各排传剪器分担荷载百分比

从图中还可看出，各排传剪器承担的剪力均随荷载的增大而增大，但在不同的荷载等级下各排传剪器分担荷载的比例却始终在变化之中，这表明，随着荷载的增大，各排传剪器分担的剪力始终处于重分配中，各排传剪器的剪力分配有渐趋均匀之势。在最大主缆拉力作用下(8 000kN),前三排传剪器分担了荷载的约63%,是主要的传力途径。随着荷载的增大,前三排传剪器分担的比例是逐渐下降的,当荷载至13 750kN时,传剪器分担荷载的比例下降至55.5%。这是由于前排传剪器进入弹塑性段和屈服段后(3.3节),刚度逐渐减小,使得荷载向后分配,这有利于各排传剪器共同受力。

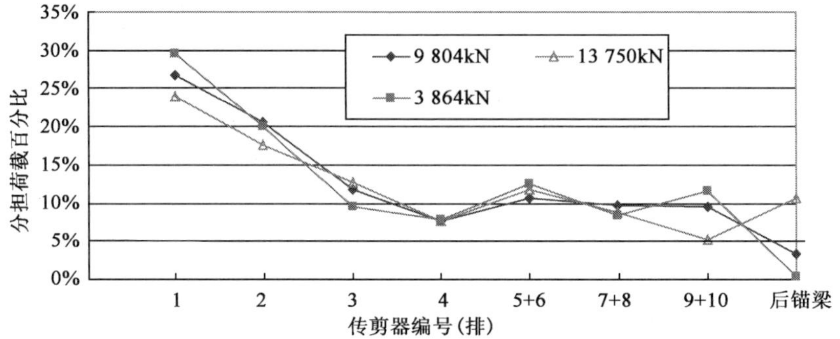

图3-15　2号试件第2、6、9级荷载作用下各排传剪器分担荷载百分比

当外荷载小于8 000kN,末端承压板的作用不大,这表明在正常使用荷载作用下,锚固结构以钢筋混凝土榫传剪器作为主要传力元件,当荷载大于10 000kN,后锚梁的作用表现得较为明显,而且荷载越大,作用越显著,至11 000kN时,分担荷载的比例已达11%(图3-15),这与设计意图也是一致的。

图3-16、图3-17中还进一步给出了设计最大主缆拉力约11 000kN时,1号、2号试件的传剪器剪力分布对比情况。为便于对比,2号试件后锚梁承担的荷载计入"9+10"中。可以看出,两个试件的剪力分配规律基本一致,试验结果的重复性较好,均表现出剪力分配有渐趋均匀之势。有研究表明,对于钢筋混凝土榫传剪器群,各排传剪器的应力不均匀情况在自加载至破坏的全过程均存

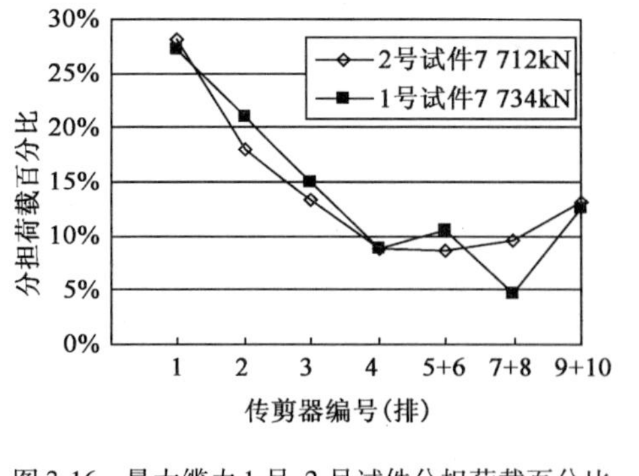

图3-16　最大缆力1号、2号试件分担荷载百分比

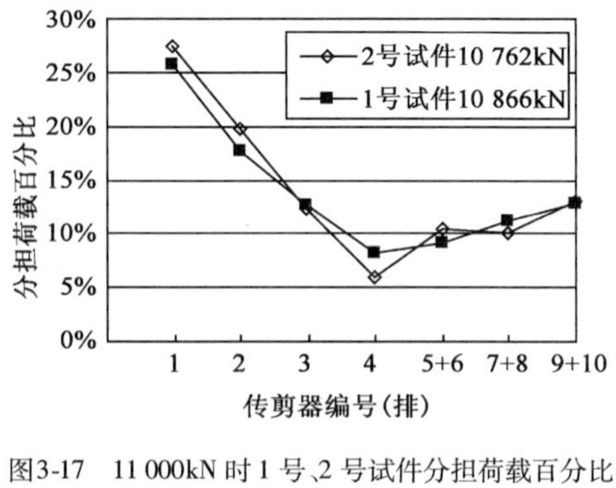

图3-17　11 000kN时1号、2号试件分担荷载百分比

在,只是随着荷载的增大不均匀程度有所减小,再次证明了简单地通过单个传剪器承载力之和来评价传剪器群的承载力是偏于不安全的。

3.2.2 承载力验证

1 号试件最大荷载施加至 15 475kN,为使用荷载作用下最大主缆拉力的 1.94倍;2 号试件最大荷载施加至 13 912kN,为最大主缆拉力的 1.74 倍。加载至上述荷载后,1 号、2 号试件均保持完好,未出现滑移快速增大,锚碇混凝土开裂,钢板变形增大等破坏征兆,这表明锚固结构仍处于稳定的工作状态,其承载力和滑移均是可控的。卸载后 1 号、2 号试件的残余变形均在 0.3mm 左右(3.3 节),表明此时锚固系统仍有足够的弹性恢复能力。

这些现象表明,分布传力锚固系统具有良好的承载能力,能够为主缆提供有效和可靠的锚固,并且有足够的安全储备。

3.3 加载全过程滑移分析

如第 2 章所述,滑移是传剪器重要的力学指标,直接反映了传剪器的工作状态,也反映了锚固结构整体的工作状态。在试验中采用 3.1.2 节的测试方法测量了每一级荷载下的滑移发展情况。限于篇幅,这里仅给出滑移特点较为明显的前 3 排传剪器的滑移情况,如图 3-18 ~ 图 3-23 所示,图中箭头表示加载路径的方向,纵坐标为锚固结构承担的总荷载,横坐标为钢板滑移量,第 1 排为靠近加载端一侧。

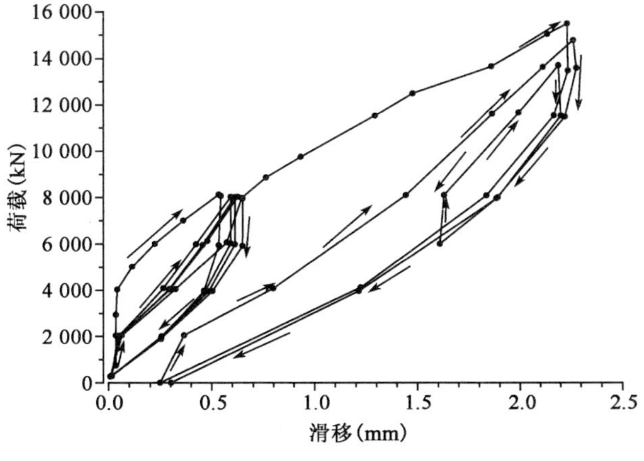

图 3-18 1 号锚固试件第 1 排传剪器加载全过程荷载—滑移曲线

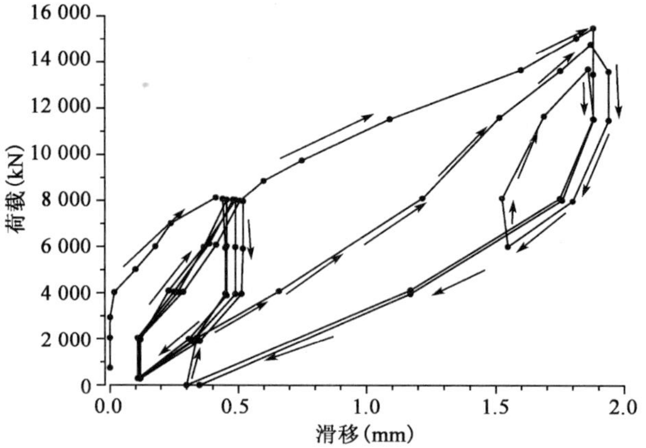

图 3-19　1 号锚固试件第 2 排传剪器加载全过程荷载—滑移曲线

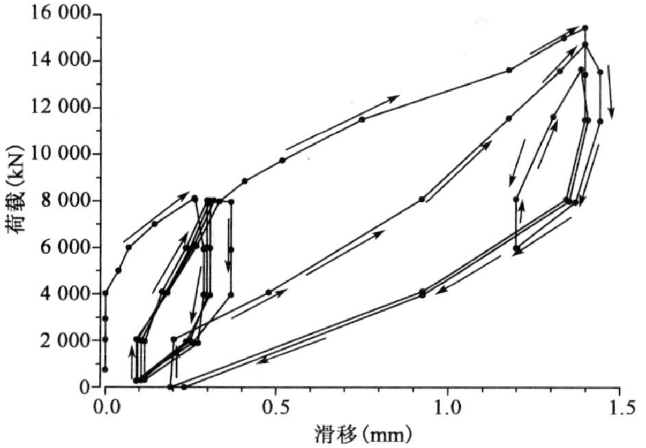

图 3-20　1 号锚固试件第 3 排传剪器加载全过程荷载—滑移曲线

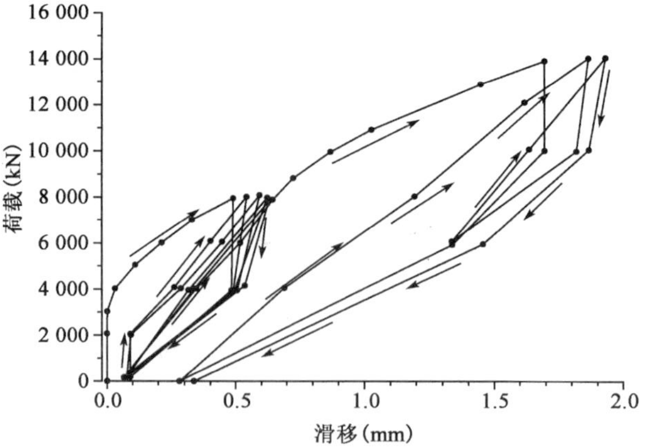

图 3-21　2 号锚固试件第 1 排传剪器加载全过程荷载—滑移曲线

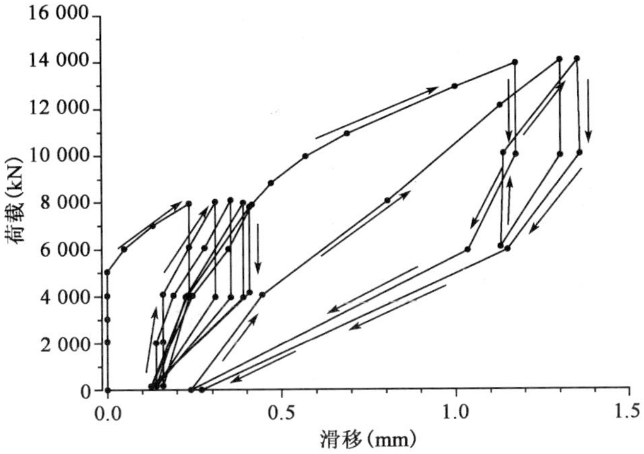

图 3-22　2 号锚固试件第 2 排传剪器加载全过程荷载—滑移曲线

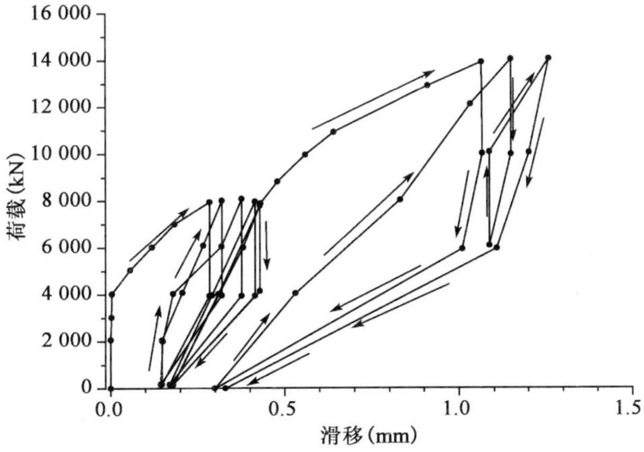

图 3-23　2 号锚固试件第 3 排传剪器加载全过程荷载—滑移曲线

从图 3-18 ~ 图 3-23 中可看出，随着荷载的增大，传剪器的滑移增长也呈先慢后快的趋势，反映出随着荷载的增大传剪器的刚度逐渐退化，与单个传剪器的试验结果并无二致。第 1 次加载至 8 000kN 时，两个试件第 1 排传剪器的滑移量约 0.5mm 左右，第 2、3 排传剪器的滑移量逐次减小，第 3 排传剪器的滑移量在 0.2 ~ 0.3mm 之间，可知在最大缆力作用下，前 3 排传剪器均处于弹塑性工作阶段，其中第 3 排传剪器刚进入弹塑性工作段。卸载后残余变形约 0.1mm 左右，但在重复加载中卸载回零后，各次卸载后的残余滑移量变化幅度一般只有千分之几毫米（图 3-24、图 3-25），各次加载的残余变形基本相同，可见第 1 次加载的残余变形主要是由于锚固板与锚体混凝土间的摩擦力大于钢筋混凝土榫传剪器的弹性恢复力所致,从多次重复加载残余变形基本相同判断,此时锚固结构整体仍处于弹性工作状态。

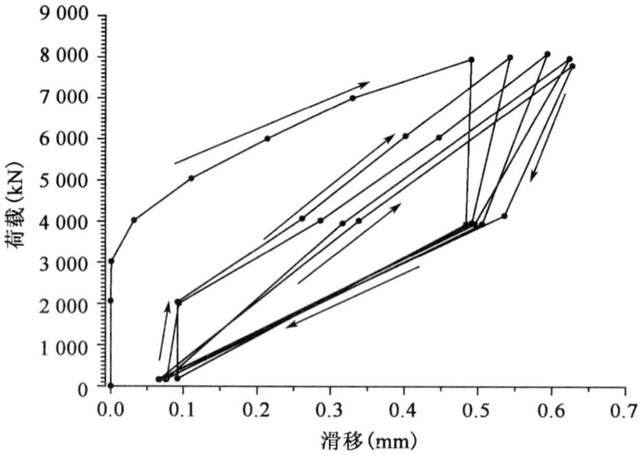

图 3-24　2 号试件第 1 排传剪器在 0 ~ 8 000kN 间重复加载荷载—滑移曲线

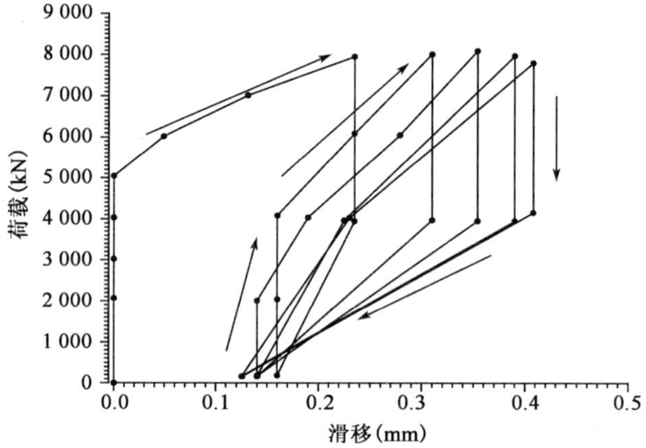

图 3-25　2 号试件第 2 排传剪器在 0 ~ 8 000kN 间重复加载荷载—滑移曲线

在重复加载中,重加载曲线与卸载曲线并不重合,而是围成一个封闭区域,这样的现象与混凝土的加—卸载曲线非常相似,这说明此时孔洞中的钢筋与混凝土共同工作,而且混凝土的作用较为明显。在多次重复加载中,加载至 8 000kN荷载时,后一次加载的滑移量均较前一次要大,但各次滑移值的增量有随重复加载次数的增加而减小,并逐渐收敛的趋势。

在荷载大于 8 000kN 后,随着荷载的增加,滑移发展逐渐加快,与单个传剪器的趋势吻合。1 号试件第 1 次加载至 15 475kN(最大缆力的 1.94 倍)后,第 1

排最大滑移量达到了2.2mm，第2、3排也分别达到1.9mm和1.4mm，表明此时前3排传剪器均已超过屈服点，进入屈服阶段。2号试件第1次加载至13 912kN（最大主缆拉力的1.74倍）时，前3排传剪器的滑移量依次为1.7mm、1.2mm、1.1mm，可见此时前3排传剪器也基本进入了屈服阶段，两个试件的结果基本一致。

卸载回零后，各排传剪器的残余变形不尽相同，规律也不太明显。1号试件前3排传剪器的残余变形为0.24mm、0.31mm、0.19mm；2号试件前3排的传剪器的残余变形为0.31mm、0.24mm、0.31mm。初步分析导致这一现象的主要原因是由于锚体混凝土与锚固板间存在摩擦。但比较最大变形和残余变形可以看出，残余变形仅为最大变形的1/9～1/6，可见此时锚固结构仍然具有良好的弹性恢复能力。

1号、2号试件最大滑移量不同，二者荷载不尽相同是部分原因，但从截取图中荷载相同时的滑移量可以看出，即使二者荷载相同，1号试件的滑移量也较2号试件要大，传剪器进入屈服阶段后的传剪器变形发展的离散性得到体现。这也在一定程度上证明了不能以屈服段作为传剪器正常工作状态的结论，否则设计人员对结构的变形不易准确把握。

在荷载达12 000kN以上时，滑移增长速度有减缓的趋势，荷载—滑移曲线也有上翘的趋势，这在1号试件中表现得较为明显。其原因在于，当荷载大于10 000kN后，锚梁的作用得到体现，而且荷载越大，作用越显著，由于末端承压板的刚度明显较传剪器要大，参与工作后，锚固结构的整体刚度提高，因此在图3-18～图3-23中表现出在荷载较大时滑移速度减缓的现象。

试验还表明在最大荷载附近进行重复加载，滑移曲线的捏拢效应较为明显，这表明此时传剪器已有一定的损伤累积。

需说明的是，在悬索桥的主缆拉力中，恒载占的比例较大，索力的变化是有限的，不可能出现如此之大的索力变化幅值。这里只是对锚固结构在重复荷载作用下的滑移变化进行了初步探讨，并不能反映其疲劳性能，其疲劳性能需根据索力变化的幅值做专门研究。

为深入探讨各排传剪器的滑移分布，图3-26给出了1号试件第1次加载至最大荷载时，各级荷载作用下的第1～8排传剪器处的滑移沿加载方向的分布情况。

从滑移分布图可以看出，荷载较小时滑移的分布规律并不明显，原因是此时锚固板与锚体混凝土间的摩擦仍可能占主导地位，随着荷载的增大，摩擦所占的比例逐渐下降，滑移分布的规律渐趋明朗。试验表明，各排传剪器的滑移分布是不均匀的，沿加载方向滑移大致呈前大后小的趋势，总体上大致成线形关系。要解释这一现象需分析主缆拉力在锚固板中的传递过程。

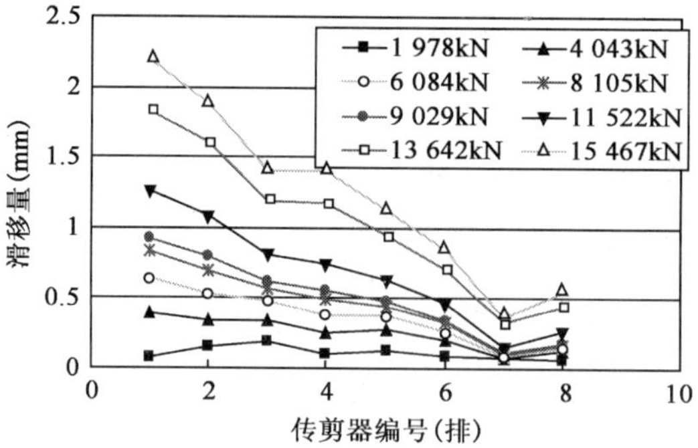

图 3-26　滑移沿加载方向分布

锚固板承受主缆拉力后将产生变形，由于锚固板与锚体混凝土存在较为明显的刚度差，传剪器间锚固板与锚体混凝土间的变形存在差异，而在传剪器处，钢板变形与混凝土变形是相同的，传剪器起到了协调二者变形的作用，同时承受剪力，使得传剪器将主缆拉力传递到锚体中。由于锚体混凝土体积庞大，其变形十分有限，除非锚固板中的主缆拉力已完全传递至锚体，否则锚固板的变形总是大于锚体。随着前排传剪器的荷载传递，锚固板中的主缆拉力逐渐减小，锚固板的变形及其与锚体混凝土的变形差也在逐渐减小，因此，各排传剪器的滑移表现出前大后小的趋势。

随着荷载的增大，各排传剪器的滑移均逐渐增大，反映出前排增大的速度较后排要快。但需注意的是，这并不能说明各排传剪器的剪力分布差距随着荷载的增大而增大，因为随着荷载的增大，虽然前排传剪器的滑移量在快速增加，但荷载增加得并不快，这从图 3-18 ~ 图 3-20 中可看出。从这一意义上来说，在弹塑性阶段，随着前排传剪器刚度的降低，其荷载逐渐卸载给后排传剪器。

综合 3.2 节的测试结果可看出，分布传力锚固结构传剪器群的整体受力过程表现出典型的荷载逐级传递现象：承担荷载最多的剪力连接件逐步进入弹塑性或屈服工作阶段，从而逐步将荷载传递给承担荷载较小的其他各排传剪器。这一结构的受力特性客观上对传剪器的延性提出了较高要求：所采用的传剪器延性越好，则传剪器群的协同工作性能越优越；越有利于这一荷载传递过程的有效实现，从而也就越有利于改善钢—混组合结构的整体受力性能；钢筋混凝土榫传剪器良好的延性性能能够较好地满足新型钢—混组合结构对于传剪器群协同工作的要求。

由于锚固板的刚度远小于锚体混凝土的刚度，剪力连接件群的受力不均匀现象有可能一直存在，直至结构破坏仍无法实现各层剪力连接件的均匀受力。若按钢筋混凝土榫传剪器群受力最大的传剪器处于弹塑性工作阶段而不进入屈服工作阶段进行结构设计，则传剪器群各排间受力不均匀现象是无法避免的，此时必须定量考虑各层剪力连接件实际受力的大小，并将其作为设计依据。

3.4 索股锚固构造的应力

索股锚固构造为全焊钢结构，计算分析可以较准确地把握其应力分布及大小，这并不是试验研究的重点，考虑到试验结果的完整性，这里将其最大应力点的位置及随荷载的发展情况一并给出，供参考。试验采用的锚固构造为4索股形式，具体构造如图2-23所示。

图3-27和图3-28所示为两个锚固试件锚箱上应变测点处的Von Mises应力在加载过程中的变化情况。每张图中仅以Von Mises应力水平最高的三个测点作为代表来加以说明。

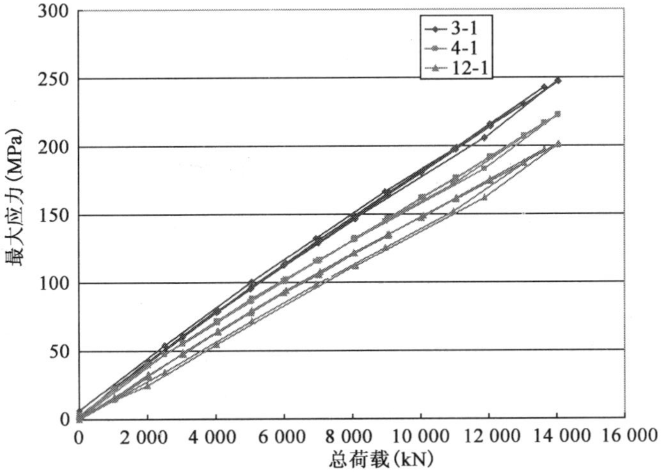

图3-27 1号试件最大应力

从图中可以看出：各测点应力与外加总荷载之间的关系曲线基本上是一条直线，而且该直线在加载和卸载过程中基本重合，在不同的加—卸载循环过程中也基本保持不变，这说明就整体而言，锚箱结构始终处于线弹性阶段。

两个试件的最大应力点相同，均在加劲板与承压板交界位置(图3-29)，承压板应力并不大。1号试件各测点在13 912kN总荷载作用下的最大Von Mises

应力为247.5MPa,2号试件各测点在14 475kN总荷载作用下的最大Von Mises应力为266.0MPa。由于锚固构造处于弹性工作范围,由此可以推知,在最大主缆拉力(8 000kN)作用下,索股锚固构造的最大应力应在150MPa左右,完全满足规范要求,且有一定富余。与锚固板应力相比(锚固板应力参见图2-29),二者的最大应力基本相同,可见锚固板和锚固箱为等强设计。

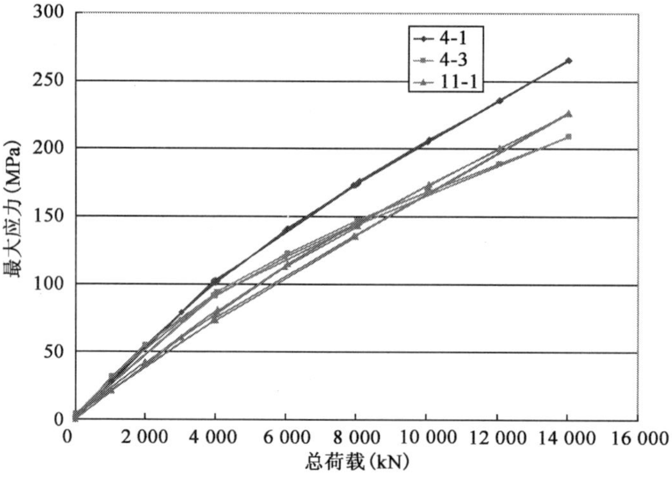

图3-28　2号试件最大应力

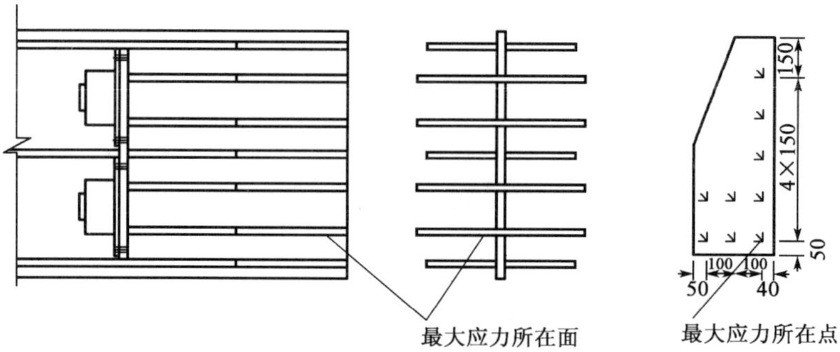

图3-29　最大应力所在位置

本章参考文献

[1] 南京长江四桥主缆锚固系统传力机理与承载试验研究[R].西南交通大学土木学院,2008.10.

[2] 南京长江四桥锚碇剪力连接器承载力及滑移量研究报告[R].西南交通大

学土木学院,2007.5.
[3] 南京长江四桥锚碇剪力连接器承载力及滑移量补充试验研究报告[R].西南交通大学土木学院,2008.1.
[4] 悬索桥主缆新型锚固系统设计施工关键技术研究(第二册 设计关键技术研究)[R].南京,2011,4.
[5] 西南交通大学,南京长江三桥索塔钢—混结合段传力机理试验研究(总报告)[R].南京,2004,10.
[6] 夏嵩,赵灿晖,张育智,李乔. PBL传剪器极限承载力的试验研究[J].西南交通大学学报,2009(3).
[7] 宗周红,车惠民.剪力连接件静载和疲劳试验研究[J].福州大学学报,1999,27(6).
[8] Oguejiofor. E C, Hosain. M N. Behavior of perfoband rib shear connectors in composite beams:full size test[J]. Canadian Journal of civil.
[9] 张清华,李乔,卜一之. PBL剪力连接件群传力机理研究II:极限承载力[J].土木工程学报,2011(5).

第4章　锚固结构计算方法

试验研究业已表明，分布传力锚固结构以钢筋混凝土榫传剪器为主要的传力机制，分布传力锚固结构的计算就本质而言是钢筋混凝土榫传剪器群的计算，这是整个设计工作中的核心问题之一。但目前无论是国内还是国外，在设计规范中对传剪器群的整体承载力的计算原理和方法均无规定，对承载力的研究多局限在传剪器的承载力这一层次。现有研究表明，简单地以各传剪器的承载力之和来评价传剪器群的承载力是十分危险的。由于传剪器群承载力计算理论研究的缺失，导致工程设计缺乏足够的理论支撑，因此必须对传剪器群的整体承载力计算方法进行专门研究。

目前，可用于钢筋混凝土榫传剪器群承载力计算的方法主要可分为三类：第一类是三维实体有限元分析方法，在南京长江三桥钢塔钢—混结合段的计算中即采用了这一方法；第二类是基于传剪器刚度特性的简化有限元方法；第三类是基于荷载—滑移变形协调的半解析法。后两种方法均为在南京长江四桥设计中提出的新方法。

4.1　三维实体有限元分析

三维实体有限元由于能准确地模拟计算对象的几何形状、各部分间的拓扑关系，在材料本构关系选择合理、单元划分适当的情况下能获得较为合理的计算结果。在金属结构，混凝土梁、柱的分析中均得到了较好的应用。此外，三维实体有限元分析不需要计算者掌握计算对象的结构行为，只需掌握材料特性即可，对于新型的、结构行为未知的结构，这无疑是首选的方法。

三维实体有限元分析中涉及本构关系的选择，单元的选择和划分等问题，其中本构关系的选择最为重要。

4.1.1　单元的选择

在三维实体有限元分析中，混凝土榫以及外包混凝土（如锚体混凝土）均采用实体单元。需要说明的是，在钢筋混凝土榫传剪器分析中，芯棒钢筋和钢板也须采用实体单元。其原因在于:若芯棒钢筋采用线单元,一方面会导致混凝土榫尺寸的模拟失真(钢筋模拟成线单元后,原有钢筋占据的空间被混凝土所占据,实际上增大了混凝土榫的截面);更为严重的是,在线单元和实体单元的耦合节点会出现应力集中,导致模拟混凝土榫的实体单元应力失真,从而使得分析结果不可靠。钢板采用常用的板壳单元也存在与混凝土榫耦合单元处应力失真的问题(图4-1)。

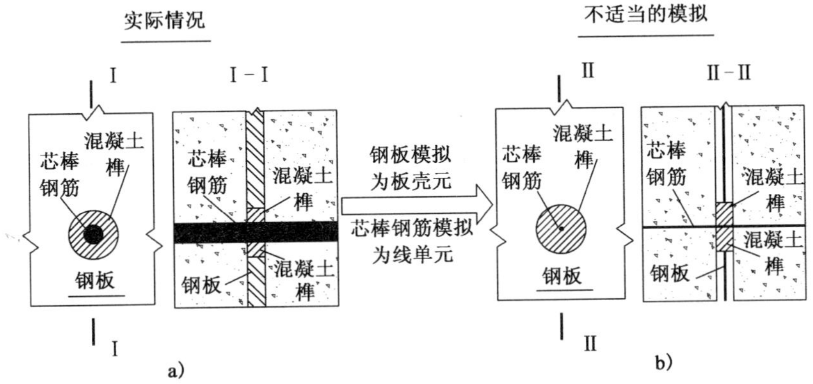

图4-1 钢筋混凝土榫传剪器单元模拟示意

实体单元中常用的有4节点4面体单元、10节点4面体单元、8节点6面体单元及20节点6面体单元等。其中4节点4面体单元为常应变单元,只有在应力情况比较简单,且单元划分较密时才能获得良好的结果,在钢筋混凝土榫传剪器的分析中不推荐采用。20节点6面体单元具有良好的精度,但单元的自由度过多可能导致计算规模过大,其余的10节点4面体单元、8节点6面体单元均可采用。现有的商业程序如ANSYS、ABAQUS中多采用8节点6面体单元来模拟混凝土材料,在ANSYS中为Solid65单元。

4.1.2 本构关系

钢筋混凝土榫传剪器涉及钢和混凝土两种材料。钢作为匀质材料,其本构关系已较为成熟。由于芯棒钢筋处于多向应力状态,需采用复杂应力状态下的本构关系。屈服准则一般采用Mises屈服准则,由于计算通常为单调加载,硬化准则可采用等向强化准则,可参见有关塑性力学文献,这里不再赘述。

在钢筋混凝土榫传剪器中,混凝土榫的应力状态较为复杂,总体上处于受剪的状态,与芯棒钢筋连接的部分则处于局部承压的情况,有一定的劈裂作用,与钢板接触的部分则还承受钢板传递的压力(图4-2)。当混凝土榫承受荷载产生膨胀后，还将受到钢板的套箍力，若钢板与外包混凝土间产生横向分离（并非滑移），则还可能承受沿芯棒钢筋方向的拉力。因此，混凝土必须采用复杂应力状态下的本构关系，这也是钢筋混凝土榫传剪器分析中的一个难点。

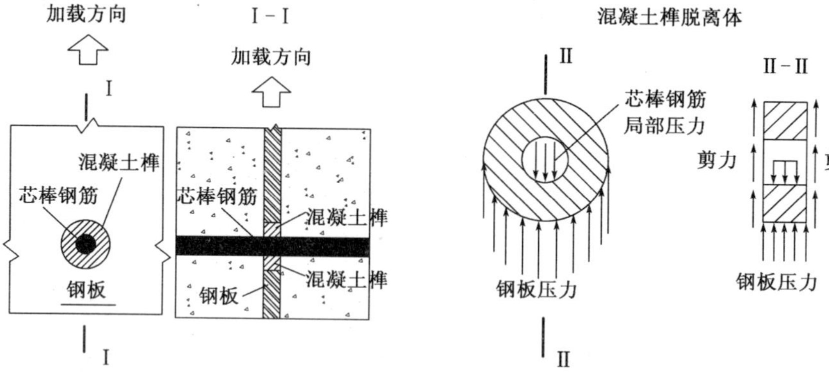

图 4-2　混凝土榫脱离体受力分析

复杂应力状态下混凝土的本构关系比较复杂，可选的本构模型数十种之多，这也反映出该问题至今仍不成熟。下面介绍三种常用的本构模型。

（1）Druck-Prager 模型

这是一种在混凝土材料和岩土材料中常用的本构模型，形式简单，只需两个参数即可确定。其破坏面方程为：

$$f(\sigma) = \alpha I_1 + \sqrt{J_2} - K = 0 \tag{4-1}$$

式中：I_1——第一应力不变量，$I_1 = \sigma_x + \sigma_y + \sigma_z$；

J_2——第二应力不变量，

$$J_2 = \frac{1}{6}[(\sigma_x - \sigma_y)^2 + (\sigma_y - \sigma_z)^2 + (\sigma_x - \sigma_z)^2 + 6(\tau_{xy}^2 + \tau_{xz}^2 + \tau_{yz}^2)]；$$

α, K——与材料单轴强度有关的参数，对是否能符合试验结果影响很大。有学者建议，取 $\alpha = 0.07$，$K = -\frac{0.88}{\sqrt{3}} f_c'$，其中，$f_c'$为混凝土轴心抗压强度。

Druck-Prager 模型中，采用相关联流动法则，即认为塑性势面与屈服面相重合，这样采用塑性势理论可建立其弹塑性刚度矩阵。详见参考文献[1]。

（2）Ottosen 四参数模型

Ottosen 四参数模型适应性较强，基本能反映混凝土屈服破坏面特征，并被 CEB-FIP MC90 规范采用，其破坏面方程为：

$$f(I_1, J_2, \theta) = A\frac{J_2}{f'^2_c} + \lambda(\theta)\frac{\sqrt{J_2}}{f_c} + B\frac{I_1}{f_c} - 1 = 0 \tag{4-2}$$

式中：I_1——第一应力不变量，$I_1 = \sigma_x + \sigma_y + \sigma_z$；

J_2——第二应力不变量；

θ——扁平面夹角；

λ——与 θ 相关的参数，

$$\lambda = \begin{cases} k_1\cos\left[\dfrac{1}{3}\arccos(k_2\cos3\theta)\right], \cos3\theta \geqslant 0 \\ k_1\cos\left[\dfrac{\pi}{3} - \dfrac{1}{3}\arccos(-k_2\cos3\theta)\right], \cos3\theta < 0 \end{cases} \quad \cos3\theta = \frac{3\sqrt{3}}{2}\frac{J_3}{J_2^{3/2}}\text{。} \tag{4-3}$$

其中 J_3 为应力第三不变量。

A, B, k_1, k_2 4 个参数，需由混凝土力学特性——单轴抗压 f'_c、单轴抗拉强度 f'_t、二轴等压强度 f'_{bc} 和在压缩子午线上的三轴抗压强度，至少 4 组试件的试验确定，其中，A 和 B 决定子午线形状，k_1 和 k_2 分别决定偏平面包络线的大小和形状。具体方法是，将上述 4 组试验值代入式(4-2)和式(4-3)，解出 A, B, k_1, k_2。参数确定较为困难是 Ottosen 四参数模型应用中的主要问题之一。在 CEB/FIP MC90 规范中给出计算上述 4 个参数的计算方法，采用混凝土的拉—压强度比表达上述 4 个参数，只需通过混凝土的单轴强度试验即可确定 4 个计算参数，详见参考文献[3]。

同样地，若采用相关联流动法则，则由塑性势理论可建立其弹塑性刚度矩阵。

(3) William-Warnker 五参数模型

William-Warnker 模型较全面地考虑了拉、压、剪的影响，在混凝土结构分析中应用较为广泛。其破坏面方程为：

$$f(\sigma_m, \tau_m, \theta) = \frac{\sqrt{5}\tau_m}{\rho(\sigma_m, \theta)} - 1 = 0 \tag{4-4}$$

式中：σ_m——平均正应力，$\sigma_m = \dfrac{1}{3}I_1$；

τ_m——平均剪应力，$\tau_m = \sqrt{\dfrac{2}{5}J_2}$；

ρ——由下式确定，

$$\rho = \frac{2\rho_c(\rho_c^2 - \rho_t^2)\cos\theta + \rho_c(2\rho_t - \rho_c)\sqrt{4(\rho_c^2 - \rho_t^2)\cos^2\theta + 5\rho_t^2 - 4\rho_t\rho_c}}{4(\rho_c^2 - \rho_t^2)\cos^2\theta + (2\rho_t - \rho_c)^2}$$

$$\cos\theta = \frac{2\sigma_x - \sigma_y - \sigma_z}{\sqrt{2[(\sigma_x - \sigma_y)^2 + (\sigma_y - \sigma_z)^2 + (\sigma_x - \sigma_z)^2]}}$$

$$\begin{cases} \dfrac{\rho_t}{\sqrt{5}f'_c} = a_0 + a_1\left(\dfrac{\sigma_m}{f'_c}\right) + a_2\left(\dfrac{\sigma_m}{f'_c}\right)^2 & \text{在 } \theta = 0° \text{ 处} \\ \dfrac{\rho_c}{\sqrt{5}f'_c} = b_0 + b_1\left(\dfrac{\sigma_m}{f'_c}\right) + b_2\left(\dfrac{\sigma_m}{f'_c}\right)^2 & \text{在 } \theta = 60° \text{ 处} \end{cases} \tag{4-5}$$

其余符号意义同前。

式(4-5)中 $\theta=0°$ 和 $\theta=60°$ 分别为拉伸子午线和压缩子午线扁平面夹角，共有 a_0,a_1,a_2,b_0,b_1,b_2 6 个参数，但由于 $\theta=0°$ 和 $\theta=60°$ 时，上式在静水压轴上通过同一顶点，b_0 可由 b_1、b_2 表达，只有 5 个参数独立，故称为五参数模型。在确定出 a_0,a_1,a_2,b_0,b_1,b_2 后，由式(4-5)解出 ρ_c,ρ_t，即可确定 ρ，进而得到破坏面方程。

a_0,a_1,a_2,b_0,b_1,b_2 需由 5 组试验分别得到：单轴抗压强度 f'_c、单轴抗拉强度 f'_t、双轴等压强度 f'_{bc}、拉伸子午线上较高的压应力点、压缩子午线上较高的应力点，由上述 5 组强度及式(4-6)可得到出 a_0,a_1,a_2,b_0,b_1,b_2，在参考文献[2]中详细给出了确定上述各参数的过程。

$$b_0 = -\xi_0 b_1 - \xi_0^2 b_2 \tag{4-6}$$

$$\xi_0 = \frac{\sigma_m}{f'_c}$$

4.1.3 加载方式

钢筋混凝土榫的有限元分析中有位移加载和力加载两种方式，位移加载是在钢板上施加强迫位移加载，得到计算结果后再通过对钢板截面积分得到位移所对应的荷载；力加载则是将荷载直接作用在钢板上，求解出结构的位移。从改善非线性迭代计算收敛来说，位移加载优于力加载，其原理与混凝土试验中获得下降段的原理相同。

加载步长的设置对求解收敛影响很大，需通过多次试算确定，这是计算中耗费时间较多的一项工作，一般来说较小的步长有利于收敛。

4.1.4 应用实例

由于目前在工程计算中多采用商业软件进行，这里不再详细介绍刚度矩阵的形成、荷载列阵的形成、方程的求解等有限元理论问题，直接给出应用实例。

该实例为第2章中拔出试验模型的计算分析，计算模型见图4-3，计算软件采用ANSYS。芯棒钢筋和钢板采用SOLID45单元，外包混凝土、混凝土榫采用SOLID65单元，破坏准则采用William-Warnker五参数模型，混凝土的应力—应变曲线采用Hongnestad公式计算，即：

上升段 $$\sigma = \sigma_0\left[2\left(\frac{\varepsilon}{\varepsilon_0}\right) - \left(\frac{\varepsilon}{\varepsilon_0}\right)^2\right] \tag{4-7}$$

下降段 $$\sigma = \sigma_0\left[1 - 0.15\left(\frac{\varepsilon - \varepsilon_0}{\varepsilon_u - \varepsilon}\right)^2\right] \tag{4-8}$$

计算中取 $\sigma_0 = 26.3\text{MPa}$，$\varepsilon_0 = 0.002$，$\varepsilon_u = 0.003$。

在材料非线性分析中，单元形状对于分析结果精度和分析过程时间长短影响较大。因此在进行结构的单元网格划分时，必须采取有效措施保证单元形状较为规则，尽量避免出现畸形单元，尤其是避免混凝土榫及附近的单元出现畸形。

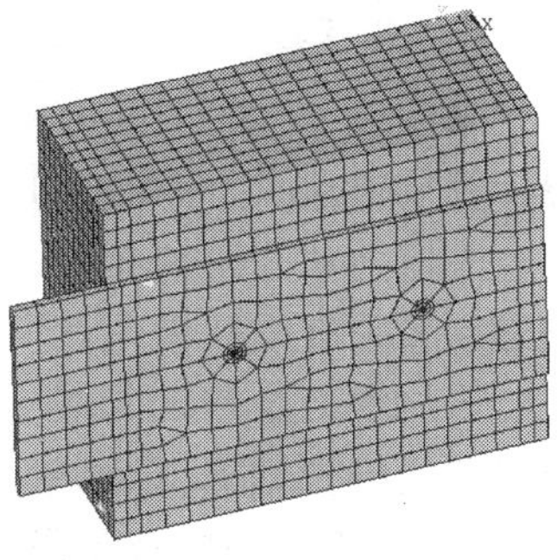

图4-3 计算模型

加载方式采用位移加载，即在钢板前端施加强制均布的位移，共划分为16个加载步，并采用自动步长优化技术。

本实例计算了SB60-22、SB45-16两种类型的传剪器，第1个传剪器处的荷载滑移曲线及其与第2章荷载—滑移回归曲线的对比如图4-4～图4-6所示，计算获得的荷载—滑移曲线与试验回归结果基本吻合，这表明三维实体有限元计算基本能反映钢筋榫传剪器群的结构行为。但仔细对比图4-4～图4-6与图2-7、图2-9、图2-14可以看出，计算所得的极限滑移量较试验值要小得多，大约只有试验极限滑移量的一半，破断荷载也仅为试验值的0.6～0.8倍。

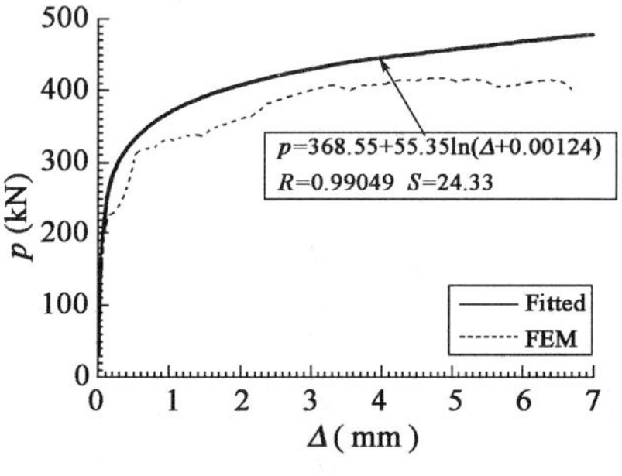

图4-4 SB60-22计算荷载—滑移曲线

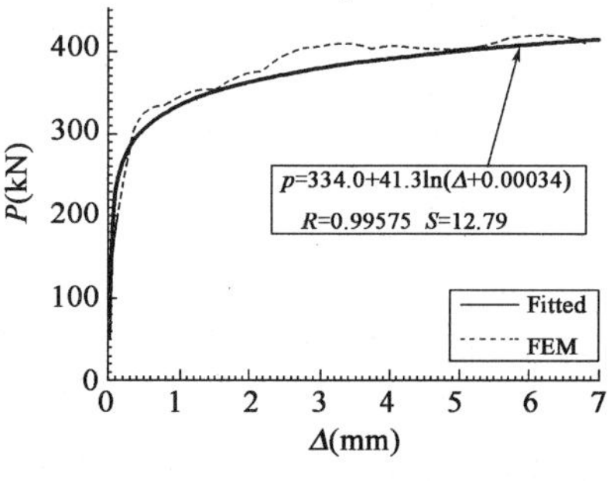

图4-5 SB60-16计算荷载—滑移曲线

可以看出,三维实体有限元的分析结果总体上是偏于安全的,也能较好反映拟弹性阶段和弹塑性阶段的结构行为,若以弹塑性阶段的终点作为钢筋混凝土榫的容许工作状态,则采用三维实体有限元计算传剪器群以及锚固结构的承载力是可行的。但计算结果偏保守,可能带来材料的浪费。

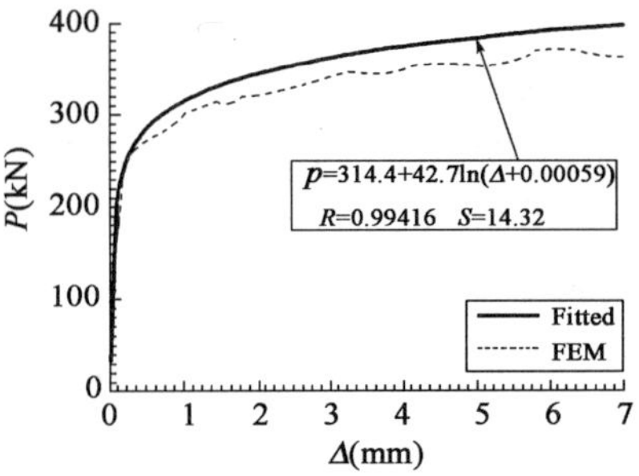

图 4-6　SB45-16 计算滑移曲线

4.1.5　三维实体有限元的局限性

尽管三维实体有限元用于锚固结构的计算是可行的,但也存在若干局限性。

(1)计算规模与计算时间

采用三维空间实体有限元来计算实际结构中的钢筋混凝土榫传剪器群,存在计算规模过大,计算时间过长的问题。传剪器的工作性能与其自身及周边混凝土的应力状态密切相关,由有限元常识可知,要较为准确地模拟局部应力,首先必须较为准确地模拟计算对象的几何外形,因此在钢—混结合段的分析中,若依旧采用混凝土和钢的本构关系来进行计算,则难以对计算模型进行简化,如以板壳单元模拟钢板,以线单元模拟芯棒均可能导致局部应力失真。这样在计算中,即使对于钢筋也必须采用实体单元来模拟,而钢—混结合段的几何尺度又较大,例如南京长江四桥的锚体长、宽均达 20m 左右,高度则达 30m,南京长江三桥钢塔钢—混结合段的几何尺寸为 6.3m × 8.4m × 9.4m。这样一方面会带来单元大小协调的问题,另一方面也带来了计算规模过大的问题。在南京长江三桥钢塔钢—混结合段的计算分析中,即使只取结合段的 1/4 进行计算,单元数量也达 120 万以上,自由度更达 400 万以上,即使在采用了子模型技术后,计算时间仍达数十小时。

(2)混凝土强度准则和单元特性

长期以来,混凝土的本构关系一直是制约混凝土结构有限元分析的瓶颈,经国内外专家学者的努力,目前已取得很大进步,在梁、柱等基本构件的分析中,有限元的计算结果已较为准确。但是,在目前常用的商业软件中,可供选择的混凝土强度准则较少,而且目前所提出的强度准则都有一定的适用范围,对于像传剪器这样压应力和剪应力都很大的应力状态,其结果并不十分理想。此外,目前常用的 6 面体单元一般均要求单元的应力梯度不能过大,但对于传剪器这样局部应力较大的元件来说,其应力梯度可达 3MPa/cm 以上,为控制应力梯度,不得不减小单元的几何尺寸,而这又将导致计算规模的增大。

(3)单元形状和非线性迭代收敛

单元形状对钢筋混凝土榫传剪器的有限元分析十分重要，畸形单元处易出现不正确的高应力。在非线性分析中，这样的高应力极易导致迭代不收敛，从而导致错误的计算结果。从对南京长江三桥钢—混结合段分析的经验来看，仅就承载能力而言，不同的单元划分，其承载力可相差30%以上。因此，在细分单元时，必须以保证单元形状合理为前提，否则由于过多的畸形单元反而不能得到合理的结果。

在计算中非线性迭代易发散，也是制约三维实体有限元在钢—混结合段计算中应用的一个重要因素。影响非线性迭代收敛的因素很多，如前所述的破坏准则、单元形状等都可能影响到收敛。此外，在计算中还发现，当某单元的应力状态接近破坏准则时，在下一迭代步中往往会发散，其原因是程序认为该单元已破坏，这一现象在实际结构中对应于混凝土局部压碎的情况，而在实际结构中仅一个微小局部的混凝土破坏时，结构整体是不会破坏的。此外，在裂缝使得单元失去约束时，也可能导致计算不收敛。上述两个因素往往使得计算在远低于结构实际承载力的荷载作用下就发散，从而得到偏低的承载力和偏小的极限滑移量。例如算例中获得的极限承载力只有实际极限承载力的60%～80%。

正是由于上述原因，在南京长江四桥的锚固结构分析中放弃了三维实体有限元法，而研发了简化有限元法及基于荷载—滑移变形协调的半解析法。

(4)三维实体有限元的适用范围

需补充说明的是，目前尽管完全以三维实体有限元的计算结果来指导设计有不尽合理之处，但并不是说三维实体有限元分析在钢筋混凝土榫传剪器群的计算分析中就毫无用处，在了解应力分布情况、掌握高应力区域的范围、确定各排传剪器间距方面，有限元能提供合理的指导。例如在南京长江三桥钢塔钢—混结合段的设计中，就通过三维有限元分析确定了传剪器的布置；在第2章传剪器布置原则中提出的传剪器间距不宜小于20cm的建议，也是基于三维实体有限元分析获得的应力分布所提出的，而这样小范围大梯度的应力，在试验中是不易测量的。由此可以看出，在传剪器群的局部应力分析中，三维实体有限元仍有不可替代的作用。

4.2　简化有限元分析法

简化有限元分析法是在三维实体有限元的基础上提出的一种新方法，被期望解决三维实体有限元分析中计算规模过大、本构关系不易把握、收敛困难等问题。在南京长江四桥锚固结构的计算分析中，采用的即为这一方法。

4.2.1 计算原理

在钢筋混凝土结构和钢结构的杆系结构非线性分析中，通常用 M-ϕ 曲线、P-Δ 曲线来反映杆件的刚度随荷载的变化情况，M-ϕ 曲线、P-Δ 曲线由试验或基于试验的经验公式确定，这样既可解决实体有限元计算规模庞大的问题，也避免了混凝土材料本构关系难以把握的缺点。

依据此原理，在锚固结构传剪器群的有限元分析中，也可采用此类方法。前期研究表明，在使用荷载作用下，锚体混凝土、锚固钢板均处于弹性工作状态，无需考虑其非线性性质，但钢筋混凝土榫传剪器的非线性性质却较为明显。此时，可以采用非线性剪切弹簧来模拟传剪器，弹簧刚度依据传剪器的荷载—滑移曲线确定。用线单元模拟传剪器，以荷载—滑移关系这样的“宏观本构关系”来反映传剪器的非线性性质，既可探明整体结构行为，又可大大减少模拟传剪器的单元数量。而局部应力分析则仍可采用三维实体有限元来完成，这样就将一个复杂的问题分为两个相对简单的问题来处理，大大减少了计算成本。

在简化有限元分析中，锚体混凝土仍采用线性实体单元，但由于只需模拟锚体的整体结构行为，单元不需划分过细，单元形状容易控制，而且避免了因混凝土本构关系选择不当带来的计算收敛问题；钢板则可以采用弹性板壳单元模拟。简化有限元计算方法的原理如图 4-7 所示。

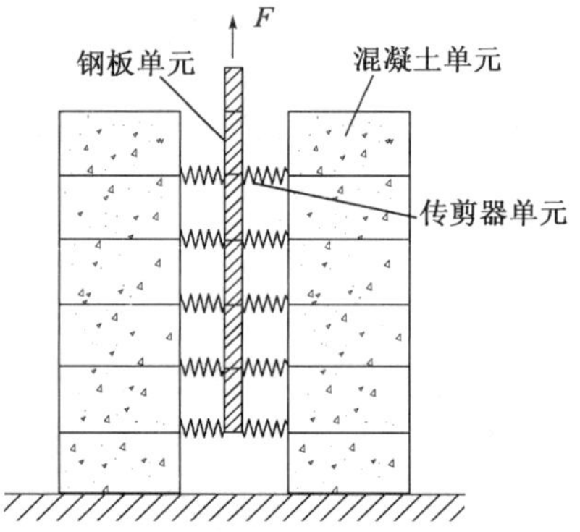

图 4-7　简化有限元分析模型原理示意图

简化有限元分析中，最为核心的问题无疑是传剪器弹簧刚度的确定。依据第 2 章中传剪器力学性能试验，在南京长江四桥的设计中对这一问题进行了专门研究。

4.2.2 传剪器弹簧刚度的计算

传剪器弹簧的刚度由其荷载—滑移关系确定，弹簧刚度的计算问题本质上是传剪器荷载—滑移关系的计算问题。

(1) *荷载—滑移影响因素分析*

根据第 2 章的试验结果，影响传剪器荷载—滑移关系的主要因素有：混凝土立方体强度 f_c，钢板的开孔面积 A_c，芯棒钢筋抗拉屈服强度 f_y，芯棒钢筋的横截

面积 A_y。其中 f_c 反映了混凝土的强度对剪切裂缝及刚度的影响，A_c 则反映了混凝土榫截面尺寸的影响，对于传剪器整体来说，f_c 与 A_c 是同时起作用的，因此 f_c 与 A_c 应组合为 f_cA_c 来同时考虑，同理 f_y 与 A_y 也应组合为 f_yA_y 同时考虑。

从第 2 章的分析还可以看出，拟弹性阶段、弹塑性阶段和屈服阶段的承载机理有较大不同，在拟弹性工作阶段，混凝土榫和芯棒钢筋是共同工作的，混凝土榫剪切面上基本未出现裂缝或仅有少量的微裂缝；弹塑性阶段混凝土榫是带裂缝工作的，裂缝的发展使混凝土榫的刚度逐渐降低；屈服阶段则主要由芯棒钢筋承载。由于各工作阶段承载机理大相径庭，虽然从定性的角度来说，各阶段的影响因素相同，但各因素的影响量却是不同的。

各试件的规格、材料特性在表 2-2 中已详细列出，这里不再赘述，表 4-1 给出了各工作阶段的滑移量及对应荷载的代表值。表中，试件编号的意义同表 2-2。

各工作阶段的极限荷载和极限滑移量代表值 表 4-1

试件编号	极限滑移量(mm)			极限荷载(kN)		
	弹性阶段	弹塑性阶段	强化阶段	弹性阶段	弹塑性阶段	强化阶段
A-SB60-22-1	0.026	1.856	17.397	184	437	678
B-SB60-20-1	0.030	4.960	18.880	100	327	519
B-SB60-2-2	0.037	1.938	18.520	146	340	604
C-SB60-20-I-1	0.020	2.524	18.080	125	424	625
C-SB60-20-II-3	0.020	2.620	16.910	158	430	609
A-SB60-16-1	0.020	2.100	12.070	140	370	475
C-SB60-0-2	0.026	2.070	—	135	408	—
A-SB45-16-2	0.041	2.750	16.330	199	355	492
B-SB45-16-1	0.038	2.624	13.500	100	238	295
B-SB45-16-2	0.029	2.921	15.580	100	279	390
A-SB45-12-1	0.024	1.530	4.350	138	332	377

在拟弹性阶段，由于各组试件的混凝土强度不同，各组试验结果需对混凝土强度 f_c 进行归一化处理，处理的方法同参考文献[8]，混凝土强度平均值 f_m = 37.98MPa；将各组试件弹性段直线斜率 K 通过系数 $\sqrt{f_m/f_c}$ 进行归一化，乘以混凝土榫直径 D 后，与芯棒钢筋抗拉能力 f_yA_y 比较后发现，两者关系不大。排除 f_yA_y 的影响后，可将第 2 章中的素混凝土榫传剪器也作为芯棒钢筋直径为零的特例，将其抗剪刚度参数 $\sqrt{f_cA_c}$ 与 KD 绘于图 4-8 中，两者呈线性关系。这说明在弹性

段内，钢筋混凝土榫传剪器荷载—滑移曲线斜率主要与混凝土榫抗剪刚度有关，而与芯棒钢筋抗剪能力基本无关。

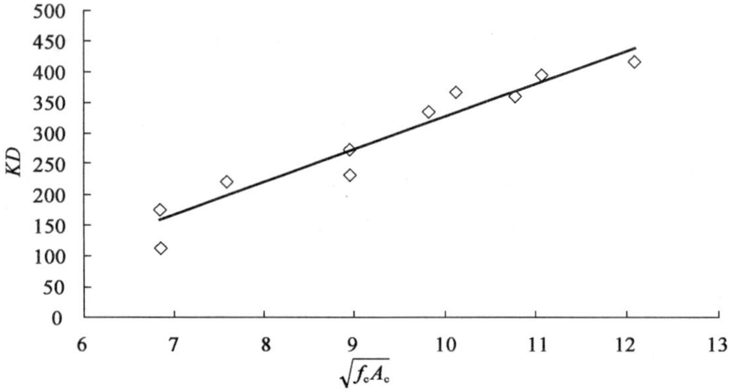

图 4-8　弹性阶段 $\sqrt{f_c A_c}$ 与 KD 的关系

在弹塑性阶段，对滑移曲线进行拟合后可知，曲线均符合 $P = a\mu^b$ 的幂函数形式，μ 为滑移量，P 为对应的荷载，指数 b 均在 0.164 ~ 0.199 之间，可取平均值 0.188。当 $\mu = 1.5$mm 时，将各组试件的 $P/\mu^{0.188}$ 对 $f_y A_y$ 进行归一化处理后与 $\sqrt{f_c A_c}$ 绘于图 4-9a）中，两者呈线性关系；将 $P/\mu^{0.188}$ 对 $f_c A_c$ 进行归一化处理后，与 $f_y A_y$ 绘于图 4-9b），两者也呈线性关系。

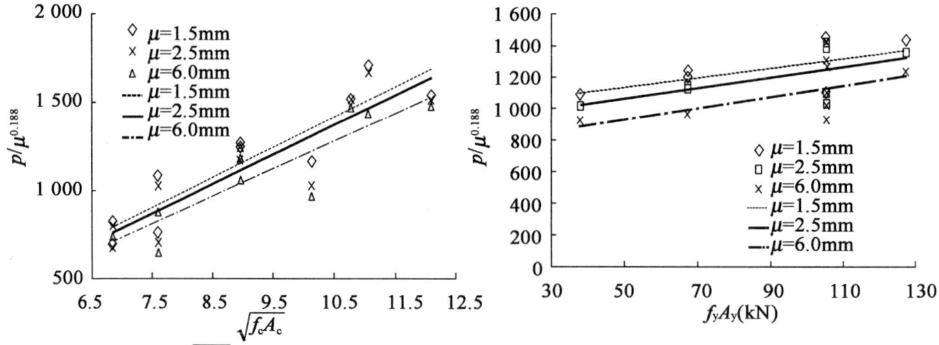

a) $\sqrt{f_c A_c}$ 与 $p/\mu^{0.188}$ 的关系　　b) $f_y A_y$ 与 $p/\mu^{0.188}$ 的关系

图 4-9　弹塑性段即屈服段影响因素分析

归一化处理的结果表明，在弹塑性阶段内，钢筋混凝土榫的荷载—滑移关系呈幂函数，其系数与混凝土榫抗剪刚度和芯棒钢筋抗剪能力呈线性关系。

在屈服阶段，将 $P/\mu^{0.188}$ 对 $f_y A_y$ 进行归一化处理后与 $\sqrt{f_c A_c}$ 绘于图 4-9a）中，两者均呈线性关系，且与 $\mu = 1.5$mm 时的直线斜率基本一致；将各组试件当 μ =

2.5mm、6mm 时的 $P/\mu^{0.188}$ 对 f_cA_c 进行归一化处理后，与 f_yA_y 绘于图 4-9b）中，两者也呈线性关系，且与 $\mu=1.5$mm 时的直线斜率基本一致。这说明，在屈服段内，钢筋混凝土榫传剪器的荷载—滑移关系与弹塑性阶段内的相同，故两个阶段内荷载—滑移关系可统一表示（表 4-2）。

屈服段特征滑移点对应荷载代表值　　表 4-2

试件编号	荷载(kN)		
	$\mu=1.5$mm	$\mu=2.5$mm	$\mu=6.0$mm
A-SB60-22-1	421	440	469
B-SB60-20-1	323	333	357
B-SB60-2-2	329	355	389
C-SB60-20-I-1	419	448	484
C-SB60-20-II-3	426	460	498
A-SB60-16-1	361	372	380
C-SB60-0-2	377	—	—
A-SB45-16-2	351	366	369
B-SB45-16-1	224	242	290
B-SB45-16-2	266	286	313
A-SB45-12-1	319	330	356

(2)荷载—滑移曲线的计算

根据上述分析，钢筋混凝土榫传剪器的荷载—滑移曲线由分段函数表示。在弹性段内：

$$P=\frac{(\alpha_1\sqrt{f_cA_c}+\beta_1)}{D}\mu\qquad(\mu\leqslant 0.04\text{mm})\tag{4-9}$$

式中：α_1——混凝土榫抗剪刚度的影响系数，$\alpha_1=7.393\times10^4$；

β_1——回归常数，$\beta_1=-4.241\times10^5$；

其余符号意义同前，取 kPa、m、kN 国际单位制。

在弹塑性段和强化段内：

$$P=(\alpha_2\sqrt{f_cA_c}+\beta_2 f_yA_y+\gamma)\mu^{0.188}\begin{pmatrix}\text{有贯穿钢筋}:0.04\text{mm}<\mu\leqslant L\\\text{无贯穿钢筋类}:0.04\text{mm}<\mu\leqslant 2\text{mm}\end{pmatrix}\tag{4-10}$$

式中：α_2——混凝土榫抗剪刚度的影响系数，$\alpha_2=107.238$；

β_2——芯棒影响系数，$\beta_2=-0.718$；

γ——回归常数，$\gamma=168.495$。

从表4-2中知，对于钢筋混凝土榫传剪器，开孔钢板孔径 $D=60\text{mm}$ 时，若贯穿钢筋直径 $d\leqslant16\text{mm}$，强化阶段极限滑移量明显减小，建议 L 取弹塑性阶段极限滑移量1.4mm；若 $d>16\text{mm}$，$L=18\text{mm}$。$D=45\text{mm}$ 时，若 $d\leqslant12\text{mm}$，$L=1.2\text{mm}$；若 $d>12\text{mm}$，$L=15\text{mm}$。此荷载—滑移公式计算值与试验结果对比如图4-10，可见各组试件的计算值与实测值吻合良好，相关系数均可达到85%以上。

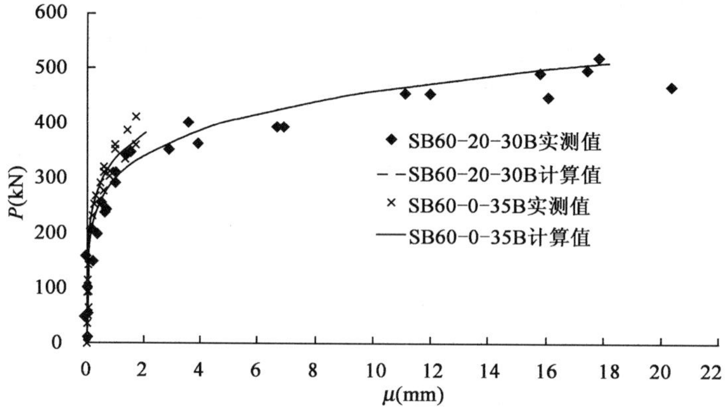

图4-10　试件荷载—滑移关系的计算值与实测值比较

至此，可根据式(4-9)、式(4-10)计算出每一荷载作用下的滑移量，以上两式即为钢筋混凝土榫传剪器(含素混凝土榫)的刚度方程。

4.2.3　应用实例——南京长江四桥锚固结构分析

这里给出两个应用实例，其一为第3章模型试验的计算分析，其二为南京长江四桥锚固结构的计算分析。

(1)试验模型计算分析

根据第3章试验模型的构造，建立了锚固结构试验模型的有限元分析模型，计算采用商用有限元软件ANSYS，计算模型如图4-11所示。

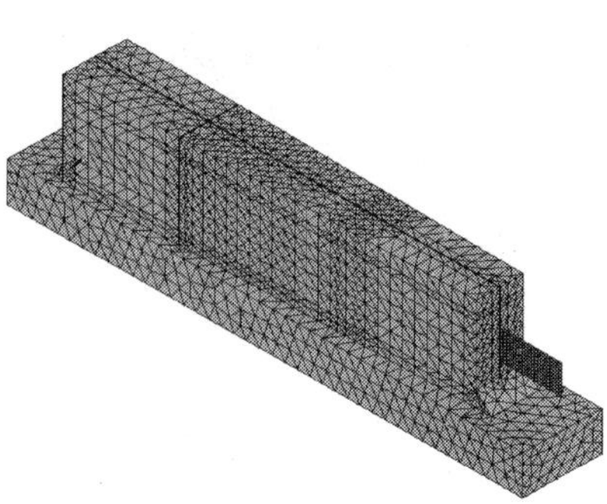

图4-11　锚固试验有限元模型

锚体及底座采用10节点4面体单元模拟(Solid92)，按弹性材料处理，锚固板及钢拉杆采用板壳元模拟(Shell63)，钢筋混凝土榫传剪器则采用连接单元(Combin39和Combin40)模拟，连接单元刚度采用4.2.2节的公式计算。模型中共使用了46 556个单元，计算荷载取为 7 800kN 和11 000kN，图 4-12 给出了上述荷载作用下，有限元计算结果与试验结果的对比情况。计算耗时约 17min。

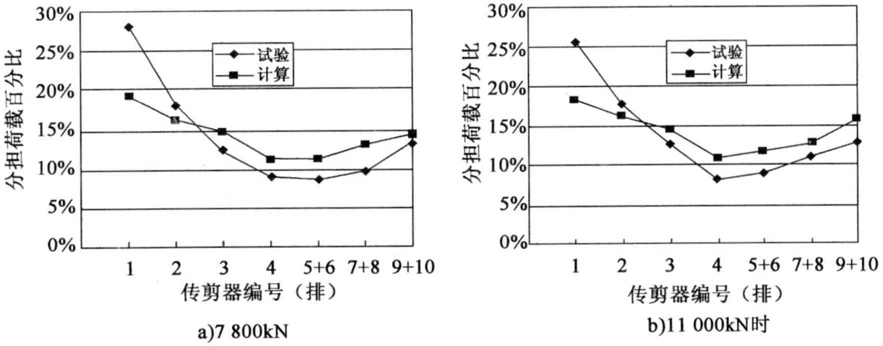

图 4-12　各排传剪器分担荷载百分比计算与试验对比

(2)南京长江四桥锚固结构分析

由于同一锚碇的两锚体相互独立，且承担的缆力相同，故取 1/2 锚体构建有限元模型。锚固结构的几何尺寸见第 2 章。为便于单元划分，提高计算精度，锚固系统相应实体部分采用 Solid92 单元，其余部分采用 Solid45 单元；锚固板采用 Shell63 壳单元，与实体单元独立，无耦合节点，通过传剪器和后锚承压板传递荷载。

参数取值：混凝土弹性模量为 3.0×10^{10} Pa，泊松比 0.2；钢材弹性模量为 2.06×10^{11}，泊松比 0.3。假定混凝土和钢材均处于弹性工作阶段。钢筋混凝土榫传剪器采用非线性弹簧单元（Combin39 和 Combin40）模拟，其参数采用试验回归的荷载—滑移曲线。计算采用的主缆拉力为“恒载 + 活载 + 温温荷载”作用下的最大拉力 7 300kN。

由于锚碇共 9 块锚固板，计算数据很多，限于篇幅，这里给出了 B2 钢板的计算结果，不失一般性。图 4-13 中为各排传剪器分担的荷载及对应的滑移量，图中横坐标表示传剪器排数，其排列顺序与上一小节相反，横坐标 1 ~ 10 依次为第 10 排 ~ 第 1 排 SB60-20 传剪器，11、12 则为在锚固板前端附加的两排 SB45-16 传剪器，左侧纵坐标为荷载，右侧纵坐标为滑移量，图中柱状图表示出各排传剪器承担的荷载，曲线则给出了滑移分布。图 4-14 则给出了各排传剪器分担荷载的百分比，左侧纵坐标为施加的总荷载，右侧纵坐标为百分比。

从纵向受力上来看，前 6 排传剪器承担了 73% 的外荷载，其中前 3 排 SB60-20 承担 48%，是主要的传力途径，而承压板仅承担了 3.98% 的外荷载，可见在正常使用荷载作用下，锚固板作用不明显。由于 SB45-16 传剪器的刚度小于 SB60-20 且仅在两侧布置，因此虽然布置在前排，但分担的荷载反而不如前 3 排

SB60-20 传剪器多。

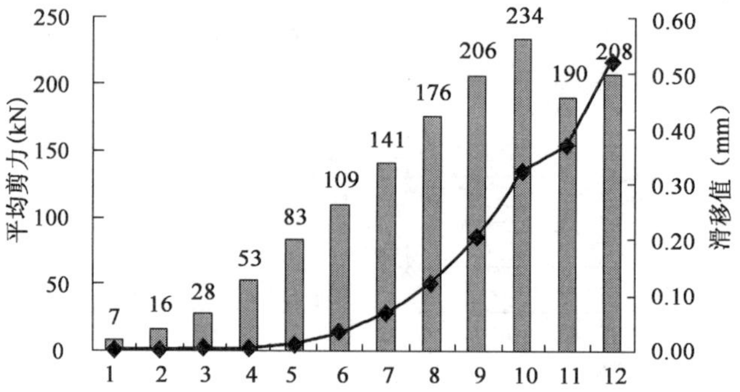

图 4-13　B2 锚固板各排剪力键平均剪力及滑移值

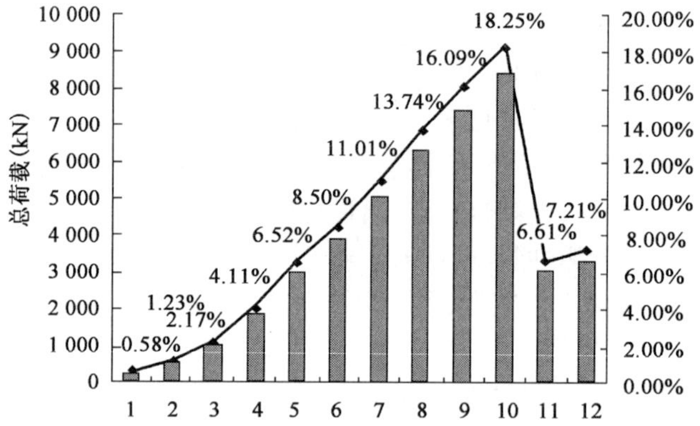

图 4-14　B2 锚固板各排剪力键承载分配比例(承压板 3.98%)

图 4-15 进一步给出了 B2 锚固板各列传剪器剪力沿锚固板高度方向的分布情况,锚固区域传剪器横向受力沿锚固板中心上、下对称,且越靠近承压板,受力越小,越接近于零。横向明显受力的是第 1 ~3 排以及附加的两排 SB45-16 传剪器。

其余钢板应力、锚体混凝土应力等计算结果详见第 2 章。

(3)小结

从定性的角度来说,有限元计算得到的剪力分布规律与试验结果基本吻合,这表明简化有限元计算的原理是正确的,计算结果基本能反映各排传剪器的荷载分布情况,在锚固结构的计算中,可替代三维实体有限元用于指导传剪器的数量及分布设计;而且该方法模型规模小,不存在计算收敛和严格控制单元形状的问题,使用远较三维实体有限元方便。

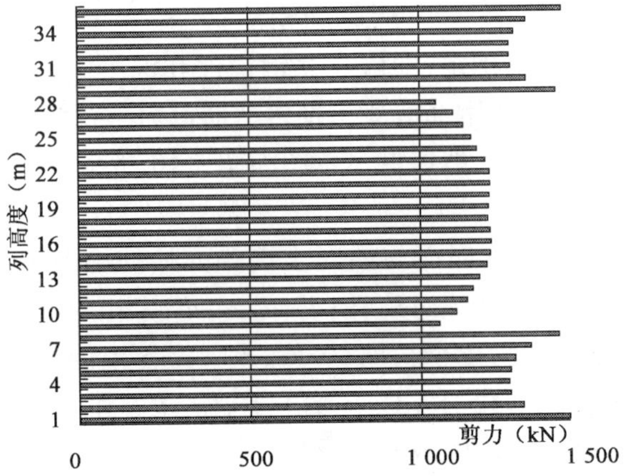

图 4-15　B2 各列传剪器承载横向分布

从与实测结果的比较情况来看，自第 2 排以后计算结果与实测结果吻合较好，相差较大的是第 1 排。总体上有限元计算的剪力分布较试验结果要均匀。出现这一现象的原因在于，有限元计算中对于钢—混凝土间的摩擦未加以考虑，这可能影响各排传剪器间剪力重分配。此外诸如施工误差，材料性质的变异性在有限元模拟中不易反映，事实上即使是同时制作的 1 号、2 号试件，其试验结果也不完全相同。此外，在建立荷载—滑移数学模型时，用于回归分析的数据偏少，可能导致剪切弹簧的刚度误差，这也是导致误差的原因之一。

4.3　基于荷载—滑移变形协调的计算方法

4.3.1　荷载—滑移变形协调理论模型的建立

从第 2 章的研究结果可以看出，钢筋混凝土榫传剪器的荷载—滑移曲线主要可分为拟弹性、塑性、屈服三个阶段。由于其严格意义上的弹性阶段极短，且若严格按照弹性阶段荷载进行设计，不利于充分发挥钢筋混凝土榫传剪器的承载能力，而屈服段由于传剪器力学性能的离散性较大，也是不适宜的。因此，本节将在弹塑性阶段范围内考察钢筋混凝土榫传剪器群的计算问题。需说明的是，只要传剪器的荷载—滑移曲线合理，本节的方法同样可用于屈服阶段的分析。

理论和试验研究表明：钢筋混凝土榫传剪器是通过钢—混结合段中钢构件和混凝土构件之间的相对滑移来实现荷载传递的。钢筋混凝土榫传剪器群中各排传剪器所承担的荷载 F 是相应位置处钢构件与混凝土构件之间相对滑移 δ 和

该层传剪器个数 n^p 的函数，即：

$$F = f_0(\delta, n^p) \tag{4-11}$$

荷载—滑移曲线一经确定，即可建立钢构件和混凝土构件变形及荷载之间的有机联系，进而建立用于钢筋混凝土榫传剪器群力学行为研究的理论模型。

典型的钢筋混凝土榫传剪器群示意图如图 4-16 所示。不失一般性，将传剪器群第 i 个节段的内力示于图 4-17 中，N 为钢—混结合段传递的外荷载；d_0^s 和 d_{n+1}^s 分别为钢构件顶面及其底面与混凝土接触面处的绝对位移；$d_1^s, d_2^s, \cdots d_n^s$ 为各层传剪器位置处钢构件的绝对位移；$d_1^c, d_2^c, \cdots d_n^c$ 为相应位置处混凝土构件的绝对位移；所有位移向上为正；$F_1, F_2, \cdots F_n, F_{n+1}$ 为各排传剪器及钢构件底面和混凝土接触面所分担的荷载；$A_1^s, A_2^s, \cdots A_{n+1}^s$、$l_1^s, l_2^s \cdots l_{n+1}^s$ 和 $A_1^c, A_2^c, \cdots A_{n+2}^c$ 分别为相应节段钢构件及混凝土构件的截面积及节段长度。

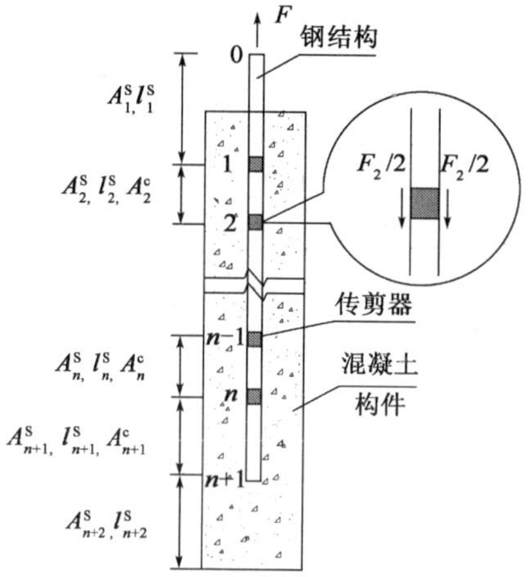

图 4-16　钢筋混凝土榫传剪器群示意图

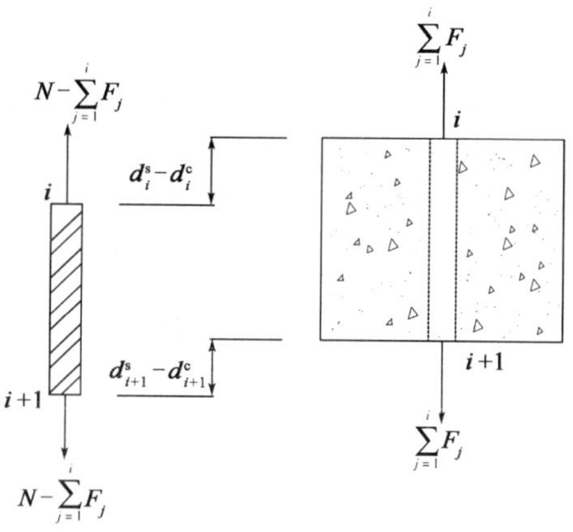

图 4-17　钢筋混凝土榫传剪器群第 i 个节段内力分析

取钢构件节段受力的分离体图（图 4-17），其各节段的变形及受力协调条件为：

$$\begin{cases} d_0^s - d_1^s = f_1(E^s, A_1^s, l_1, N) \\ d_1^s - d_2^s = f_1(E^s, A_2^s, l_2, N - F_1) \\ \vdots \\ d_i^s - d_{i+1}^s = f_1(E^s, A_{i+1}^s, l_{i+1}, N - \sum\limits_{j=1}^{i} F_j) \\ \vdots \\ d_n^s - d_{n+1}^s = f_1(E^s, A_{n+1}^s, l_{n+1}, N - \sum\limits_{j=1}^{n} F_j) \end{cases} \tag{4-12}$$

同样地，混凝土构件各节段的变形及受力协调条件为：

$$\begin{cases} d_1^{c} - d_2^{c} = f_2(E^{c}, A_2^{c}, l_2, F_1) \\ d_2^{c} - d_3^{c} = f_2(E^{c}, A_3^{c}, l_3, F_1 + F_2) \\ \quad\vdots \\ d_i^{c} - d_{i+1}^{c} = f_2(E^{c}, A_{i+1}^{c}, l_{i+1}, \sum_{j=1}^{i} F_j) \\ \quad\vdots \\ d_n^{c} - d_{n+1}^{c} = f_2(E^{c}, A_{n+1}^{c}, l_{n+1}, N - \sum_{j=1}^{n} F_j) \end{cases} \tag{4-13}$$

各排钢筋混凝土榫传剪器的荷载—滑移协调条件为：

$$\begin{cases} F_1 = f_3(d_1^{s} - d_1^{c}, n_1^{p}) \\ F_2 = f_3(d_2^{s} - d_2^{c}, n_2^{p}) \\ \quad\vdots \\ F_i = f_3(d_i^{s} - d_i^{c}, n_i^{p}) \\ \quad\vdots \\ F_n = f_3(d_n^{s} - d_n^{c}, n_n^{p}) \end{cases} \tag{4-14}$$

若钢构件底面设置了承压板，其和混凝土构件接触面面积为 A，则其变形及受力协调条件可表为：

$$F_{n+1} = f_4(E^{c}, A, F_{n+1}, d_{n+1}^{c}, A_{n+2}^{c}, l_{n+2}) \tag{4-15}$$

PBL 传剪器群整体的力的平衡条件：

$$\sum_{i=1}^{n+1} F_i = N \tag{4-16}$$

钢构件和混凝土构件接触面处的变形协调条件为：

$$d_{n+1}^{s} = d_{n+1}^{c} \tag{4-17}$$

上述各式中 f_1、f_2、f_3 和 f_4 分别表示不同的函数关系式；钢和混凝土材料特性确定后，前二者即确定，f_3 即为 4.2.2 节中确定的荷载—滑移方程，f_4 可通过试验、仿真分析等方法确定。

钢构件绝对位移未知数为 $d_0^{s}, d_1^{s}, \cdots d_{n+1}^{s}$，未知数共 $n+2$ 个；混凝土构件绝对位移未知数为 $d_1^{c}, d_2^{c}, \cdots d_{n+1}^{c}$，未知数共 $n+1$ 个；各层传剪器及承压板接触面所承担的荷载 $F_1, F_2, \cdots F_n, F_{n+1}$，未知数共 $n+1$ 个；$n_1^{p}, n_2^{p}, \cdots n_n^{p}$ 为各层传剪器的个数。式(4-12)~式(4-17)中未知数总数为 $3n+4$ 个，方程总个数为 $3n+4$ 个。

上述各式为剪力连接件群受力及变形方程的一般形式，若钢构件底面无承压板或不和混凝土构件相接触,仅需去除式(4-15),并将式(4-12)、(4-13)和式(4-16)中的 d_{n+1}^{s} 和 d_{n+1}^{c} 置零即可。式(4-12)~式(4-17)实质上是基于各排钢筋混凝土榫传剪器的荷载—滑移曲线所建立的传剪器群的变形和荷载协调方程,可以称之为钢筋混凝土榫传剪器群的荷载—滑移变形协调理论模型。

4.3.2 方程的求解

式(4-12)~式(4-17)为非线性方程组,可以通过变刚度法、Newton – Raphson 法及弧长法等多种方法进行求解。本文基于弧长法研究上述方程的求解方法。为便于表示,将式(4-12)~式(4-17)转换为其等价形式。

引入钢构件和混凝土构件在第 i 层传剪器位置处的位移差 δ_i:

$$\delta_i = d_i^{s} - d_i^{c} \tag{4-18}$$

第 i 个节段的变形及受力协调方程可表示为:

$$\delta_i - \delta_{i+1} = f_1(E^{s}, A_{i+1}^{s}, l_{i+1}, N - \sum_{j=1}^{i} F_j) - f_2(E^{c}, A_{i+1}^{c}, l_{i+1}, \sum_{j=1}^{i} F_j) \tag{4-19}$$

将式(4-14)代入式(4-19),式(4-20)可简化表示为:

$$f(\delta_1, \delta_2, \cdots, \delta_{i+1}) - (N - 2\sum_{j=1}^{i} F_j) = 0 \tag{4-20}$$

则根据式(4-20),式(4-12)~式(4-17)可以转换为如下等价形式:

$$[K(\delta)][\delta] - [F] = 0 \tag{4-21}$$

式中:$[K(\delta)]$——广义刚度矩阵;

$[\delta]$——广义位移向量;

$[F]$——广义节点荷载向量。

式(4-21)增量形式的控制方程为:

$$[K]_t[\Delta\delta] = \Delta\lambda[F] + [R] \tag{4-22}$$

式中:$[K]_t$——当前的广义切线刚度矩阵;

$[\Delta\delta]$——广义位移增量向量;

$\Delta\lambda$——广义荷载增量控制参数;

$[R]$——广义残余力向量。

对于各增量步的初始迭代步,其弧长约束方程为:

$$[\Delta\delta_i^0]^T[\Delta\delta_i^0] + \alpha^2(\Delta\lambda_i^0)^2[F]^T[F] = (\Delta l_i^0)^2 \tag{4-23}$$

式中:$[\Delta\delta_i^0]$——第 i 个增量步的初始迭代步位移增量;

$\Delta\lambda_i^0$——相应的荷载增量参数;

Δl_i^0——该增量步的弧长增量;

α^2——系数。

设第 i 增量步中第 j 个迭代步的位移增量为 $[\Delta\delta_i^j]$，相应的荷载增量参数为 $\Delta\lambda_i^j$，切线刚度矩阵为 $[K_i^j]_t$，广义残余力向量为 $[R_i^j]$，则有[12]：

$$[\Delta\delta_i^j] = \Delta\lambda_i^j[\delta_1^j]_i + [\Delta\delta_2^j]_i \tag{4-24}$$

其中，

$$\begin{cases}[K_i^j]_t[\delta_1^j]_i = [F] \\ [K_i^j]_t[\Delta\delta_2^j]_i = [R_i^j]\end{cases} \tag{4-25}$$

对于各增量步后的所有初始迭代步，有：

$$|\Delta\lambda_i^0| = \sqrt{\frac{(\Delta l_i^0)^2}{[\delta_1^j]_i^{\mathrm{T}}[\delta_1^j]_i + \alpha^2[F]^{\mathrm{T}}[F]}} \tag{4-26}$$

采用上述方法对式(4-21)进行迭代求解，即可获得钢筋混凝土榫传剪器群各排传剪器所承担的荷载 $[F]^{\mathrm{T}} = [F_1, F_2, \cdots F_n, F_{n+1}]$ 以及相应位置处钢构件和混凝土构件间的位移差 $[\delta]^{\mathrm{T}} = [\delta_1, \delta_2, \cdots \delta_{n+1}]$。将 $[F]$ 和 $[\delta]$ 代入式(4-12)～式(4-17)，易于求得钢构件和混凝土构件各处的绝对位移。

区别于三维非线性仿真分析方法，上述求解方法直接基于钢筋混凝土榫传剪器群的荷载—滑移变形协调理论模型进行，能够有效避免采用三维非线性仿真分析方法进行钢筋混凝土榫传剪器群力学行为研究所面临的困难，且具有物理意义明确、求解简便、计算效率高、便于应用等优点。上述方法既可用于锚固结构这样的钢结构受拉的情况，也可用于钢塔那样的钢结构受压的情况。

4.3.3　应用实例

该实例为南京长江三桥钢塔局部模型，模型共 3 个。钢板由主钢板和肋板两部分组成。主钢板采用46mm 厚 Q345 钢板，肋板采用32mm 厚 Q345 钢板，模型 A 包括两条肋板，模型 B 和模型 B′包括一条肋板。钢板上设置竖向间距22cm 的传剪器，共设置 9 排。主钢板上设置 4 列传剪器，模型 A 肋板上设置一列传剪器，模型 B 每条肋板上设置两列传剪器。模型 B 和模型 B′构造相同，区别在于模型 B 钢板底面和混凝土相接触，模型 B′钢板底面处留有孔洞，使钢板底面不与混凝土接触。混凝土强度等级为 C50。采用荷载—滑移变形协调模型进行了计算，并进行模型试验。试验模型如图 4-18 所示。

加载方式为单调加载，模型 A 承受的设计荷载为 8 435kN，模型 B 和模型 B′均为 8 315kN，均为压力，实际加载至 10 000kN。

图 4-19 中纵坐标为传剪器排标识，“ －1”代表最上面第一和第二层传剪器；

“-2”代表第三和第四层传剪器;“-3”代表第五和第六层传剪器;“-4”代表第七和第八层传剪器;“-5”代表最下一层传剪器;“-6”代表钢和混凝土接触面,横坐标为各排传剪器承担荷载的百分比。

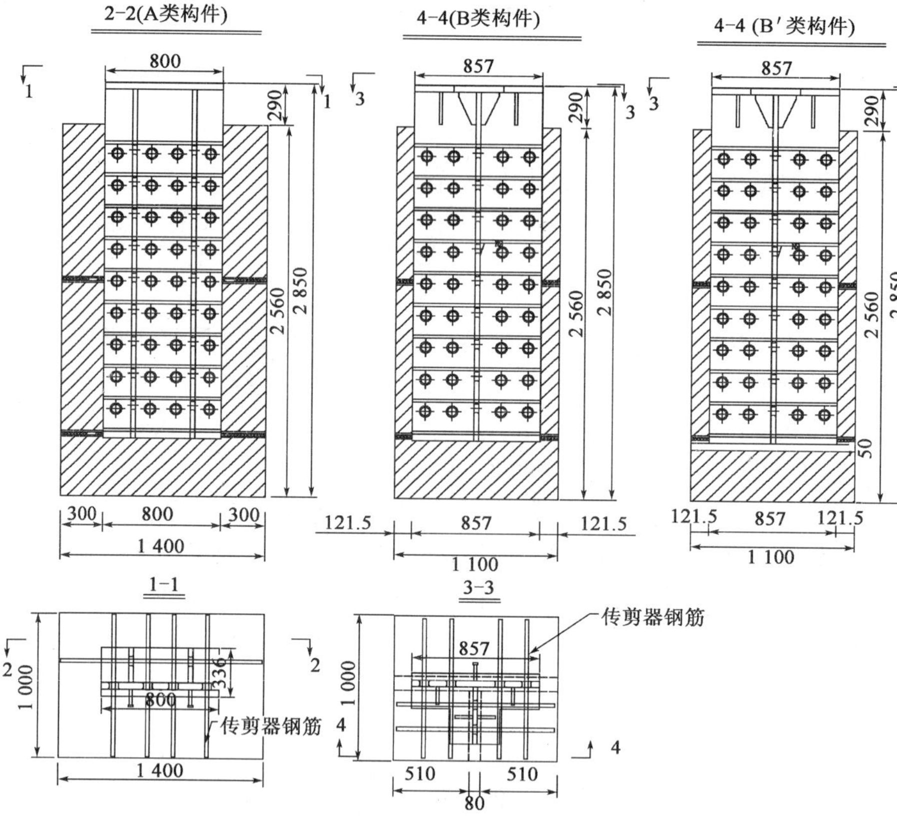

图 4-18 钢塔局部试验模型

计算和试验表明在加载至 10 000kN 的情况下,各试验模型中不同层钢筋混凝土榫传剪器的受力存在较大的不均匀性,各层剪力连接件的荷载分配呈“两头大,中间小”的马鞍形,这一情况与锚固结构不同,其原因是混凝土塔柱(模型中为外包混凝土)的刚度较锚体要小。

对比计算结果和试验结果可看出,荷载—滑移变形协调理论模型能够反映钢筋混凝土榫传剪器群传力机理的整体规律,但各层钢筋混凝土榫传剪器所分担荷载百分比的具体数值和试验结果间存在一定差异,这主要是由理论分析所采用的理想化参数与实际参数存在差异所致;试验模型规模过大而导致的测试困难也会导致上述差异进一步增大。计算结果和试验结果的差异表明钢筋混凝

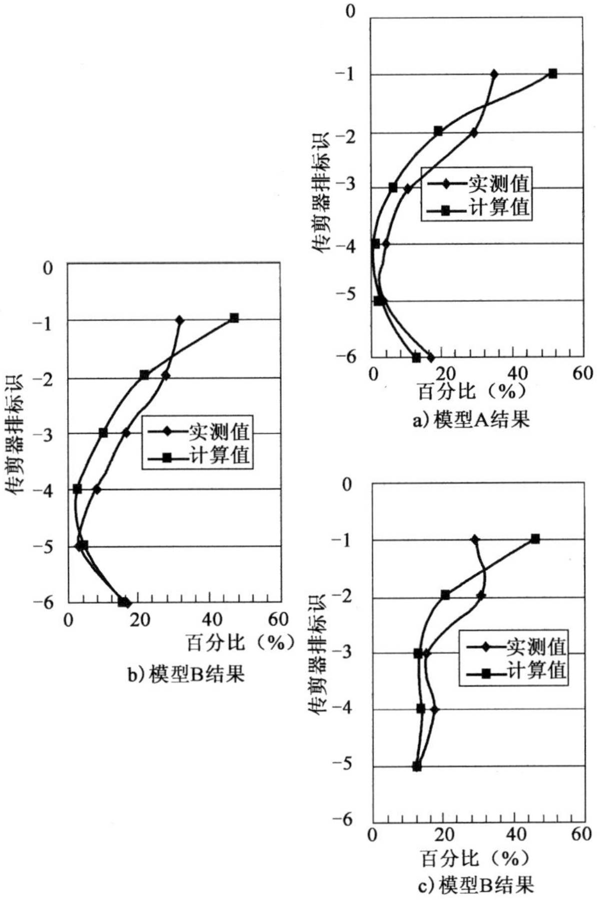

图 4-19　10 000kN 荷载作用下计算结果与实测结果的对比

土榫传剪器群的荷载传递受多种因素的影响，设计时需全面考虑。这一差异也从一个侧面说明了钢筋混凝土榫传剪器群传力机理的复杂性，试验研究和理论分析相结合是进行钢筋混凝土榫传剪器群传力机理研究的有效途径；荷载—滑移变形协调理论模型所获得的各层剪力连接件的受力不均匀程度较试验结果更大，结果偏于安全。

本章参考文献

[1]　吕西林. 钢筋混凝土结构非线性有限元理论及应用[M]. 上海：同济大学出

版社,1997.

[2] 陈惠发,A. F. 萨里普. 混凝土和土的本构方程[M]. 北京:中国建筑工业出版社,2004.

[3] 过镇海. 混凝土的多轴强度和本构关系(I). 建筑结构学报[J]. 1995(8).

[4] 张清华,李乔,唐亮. 剪力连接件的三维非线性仿真分析方法[J]. 西南交通大学学报,2005(5).

[5] 南京长江四桥主缆锚固系统传力机理与承载试验研究[R]. 西南交通大学土木学院,2008.10.

[6] 南京长江四桥锚碇剪力连接器承载力及滑移量研究报告[R]. 西南交通大学土木学院,2007.5.

[7] 赵灿晖,夏嵩,李乔,张清华. 南京长江四桥锚碇剪力连接器承载力及滑移量补充试验研究报告[R]. 西南交通大学土木学院,2008.1.

[8] Oguejiofor. E. C, Hosain. M. N. Behavior of Perfoband Rib Shear Connectors in Composite Beams: full size test[J]. Canadian Journal of Civil Engineering, 1992, 19(2): 224 - 235.

[9] Oguejiofor. E. C, Hosain. M. N. A Parametric Study of Perfoband Shear Connectors[J]. Canadian Journal of Civil Engineering, 1994, 21(4): 614 - 625.

[10] 张清华,李乔,卜一之. PBL 剪力连接件群传力机理研究 I:理论模型[J]. 土木工程学报.

[11] 张清华,李乔,卜一之. PBL 剪力连接件群传力机理研究 II:极限承载力[J]. 土木工程学报.

[12] 崔冰,孟凡超,赵灿晖,等. 南京长江第三大桥主塔钢—混结合段设计研究[C]//中国公路学会桥梁和结构工程分会 2005 年全国桥梁学术会议论文集,2005.

[13] 张清华,李乔,唐亮. 桥塔钢—混凝土结合段传剪器破坏机理及极限承载力[J]. 中国公路学报,2007,20(1).

[14] Velendanda M. R, Hosain M. U. Behaviour of Perfobond Rib Shear Connector: push - out tests[J]. Canadian Journal of Civil Engineering, 1992, 19(1): 1-10.

[15] Oguejiofor, E. C, Hosain, M. U. Numerical Analysis of Push-Out Specimens with Perfobond Rib Connectors[J]. Computers and Structures, 1997, 62(4): 617-624.

第5章　锚固结构制造与安装

施工是实施分布传力锚固系统的过程，直接影响到锚固系统是否得以成功应用。由于该锚固系统结构新颖，施工方法无先例可循，虽然可参考钢框架后锚梁锚固系统的施工方法，但由于两种锚固系统传力机理不同，导致施工工艺重点不同，必须根据结构受力和构造特点探索相应的施工工艺。

钢筋混凝土榫传剪器是锚固系统主要的剪力传递机制，施工中必须保证传剪器的承载力和刚度符合设计要求。施工过程影响钢筋混凝土榫传剪器承载力和刚度的主要因素有：传剪器孔的位置和形状、传剪器芯棒钢筋的定位精度、粗集料的入孔、钢板定位精度及钢板的侧向变形等。

研究表明，粗集料的入孔情况可能影响传剪器的破坏形态，若粗集料入孔较少，则传剪器有可能因孔内混凝土强度不足而被压碎，此时无论是承载力还是滑移量均可能大打折扣，从根本上改变了传剪器的工作性能；钢筋定位过偏则会导致粗集料在孔内分布不均匀，也可能出现因孔内混凝土强度不足而压碎的情况；传剪器承载力下降将直接影响锚固结构的安全性，而刚度偏差则可能影响荷载在各排传剪器之间的分配，同样可能造成安全隐患。此外，锚固钢板侧向变形也是影响锚固系统工作的重要因素，过大的锚固钢板的侧向变形可能使得锚固钢板与混凝土间的摩擦力大增，影响锚固系统的荷载传递机制，还有可能因摩擦力过大导致锚碇混凝土开裂。

锚体为大体积混凝土，在施工中易由于混凝土水化热不均匀、后期养护不够等原因，导致锚体出现温度或干缩裂缝。在施工中采取适当的混凝土配合比和工艺措施，防止锚体大体积混凝土出现温度或干缩裂缝，这对锚固结构防腐，改善结构的耐久性有较大作用。

上述分析表明，在分布传力锚固系统的施工中，涉及锚固结构的制造与安装、钢筋混凝土榫传剪器芯棒钢筋的精确定位、钢板开孔内混凝土的浇筑工艺和锚体大体积混凝土的施工等特殊的施工问题。这些都是分布传力锚固系统得以实现的关键技术环节。

分布传力锚固系统已在南京长江四桥成功应用，采用空间叠层定位法解决锚固结构安装问题，采用单侧多层特殊浇筑工艺保证传剪器混凝土施工质量，并已形成分布传力锚固结构施工成套技术。

在本书第 5 章和第 6 章中将以南京长江四桥为例，分别就锚固结构的制造与安装、锚体混凝土及传剪器施工进行探讨。

5.1 工 程 概 述

南京长江四桥主桥为三跨连续钢箱梁悬索桥，桥跨布置为 576.2m + 1 418m + 481.8m，主桥全长 2 476m，为跨度"世界第五"的大跨径桥梁，也是跨度"中国第一"的三跨悬索桥(图 5-1)。

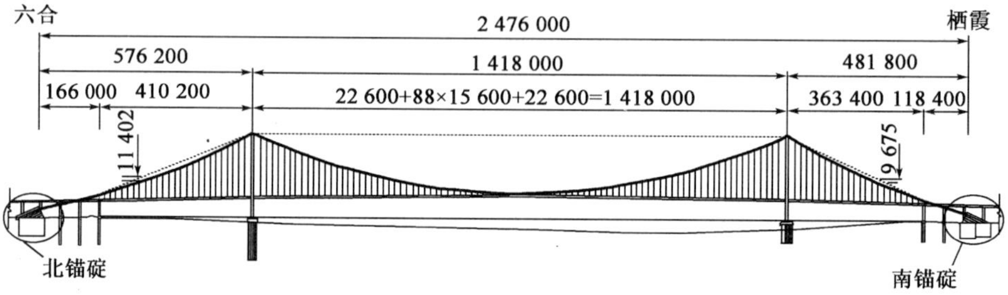

图 5-1 南京长江四桥桥型布置图(尺寸单位:mm)

南、北锚碇为重力式锚，均位于长江大堤以外，属长江下游冲积平原漫滩地。其中，南锚碇位于南京精研磁性科技有限公司厂区内，场地及周围建筑物密布，地面高程约 4.1 ~ 5.4m；南锚碇北界距江堤及江边分别为 60 多米和 200 余米。北锚碇周围地势较为开阔，受地物干扰较小，地面高程 3.93 ~ 4.32m。南、北锚附近均布置有桥墩，施工空间受到一定限制，是锚固结构吊装施工中需解决的问题之一。

锚碇锚体的地面以上部分整体上呈三角造型；地面以下部分锚体与地连墙基础顶板连为一体。

南锚碇锚体顺桥向全长 66m，锚体地面(地面高程 5.000m)以上高 28.0m，地面以下 15.0m。横桥向前趾宽 10.0m，后趾宽 22.7m，后趾与侧壁间设半径 2m 圆弧。横桥向上、下游两锚体中心距 34m。前支墩为实体结构，与侧墙不相连。支墩顶面尺寸 7m × 6.27m，主缆 IP 点与支墩顶面尺寸距离为 4.5m。支墩截面横桥向宽度 5m，沿顺桥向随前墙倾斜角度逐渐增大。

北锚碇锚体地面以上部分(地面高程 4.300m)顺桥向全长 70.3m，高 28.7m，地面以下高 13.8m。横桥向前趾宽 10.0m，后趾宽 23.6m，后趾与侧壁间设半径 2m 圆弧。横桥向上、下游两锚体中心距同南锚。前支墩也为实体结构。

支墩顶面尺寸 7.0m ×5.3m，主缆 IP 点与支墩顶面距离、横桥向宽度与南锚相同。

锚体为大体积混凝土结构，包括锚体底板（沉井基础顶板）、上锚块、散索鞍支墩、锚室顶板及前墙、锚室侧墙 5 个部分。锚块混凝土施工共分为 4 大块，每块均分层浇筑，横向及纵向设置后浇混凝土，上锚块与锚固系统共同组成悬索桥主缆直接承力体系。

单侧锚体共 9 块锚固板，锚固板厚度 28mm，采用 Q345D 材质。其中 B1 分 4 个单元，B2、B3 均分 3 个单元，B4 分 2 个单元，B5 分 1 个单元，在制造厂整体放样拼装制作，并船运至桥位。

B1 ~ B4 锚固板后部布置 12 排 0.35m（索股方向）×0.4m（高度方向）间距的钢筋混凝土榫传剪器，传剪器的布置详见第 2 章。钢筋混凝土榫传剪器芯棒钢筋居于钢板开孔中心，以保证传剪器充分发挥其性能。芯棒钢筋通过定位桁架进行定位，定位桁架由∠40mm ×40mm ×4mm 型号角钢及[100mm ×48mm ×5.3mm 型号槽钢组成网片，并两两连接。

索股通过锚固箱、钢拉杆与锚固板连接，整体制造，分四索股锚固、双索股锚固和单索股锚固三种锚固方式。为方便索股张拉，锚固箱后部均设置有千斤顶张拉反力架。锚体构造如图 5-2 所示（以南锚示），锚固系统构造及锚固板构造详见第 2 章，这里不再赘述。

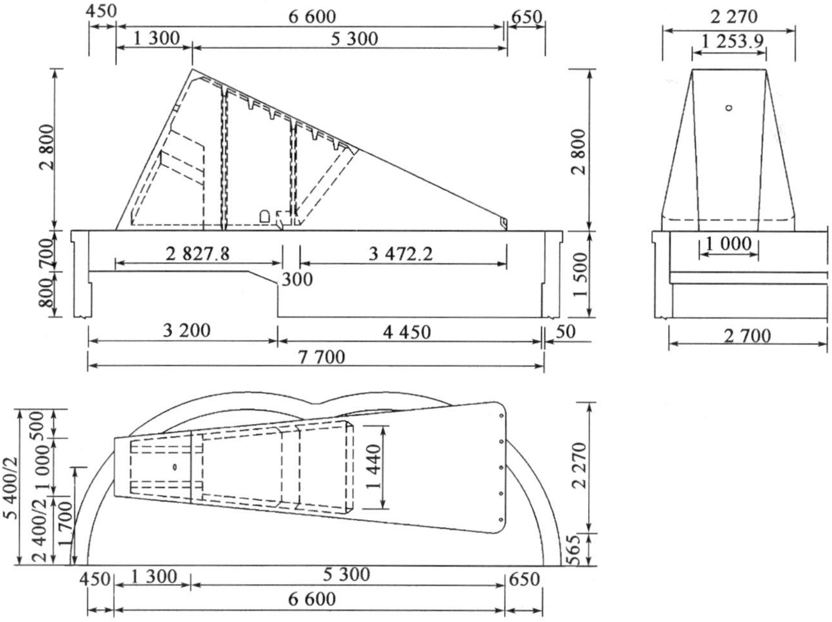

图 5-2　南锚一般构造（尺寸单位：cm）

5.2 锚固结构制造

锚固结构包括锚固钢板、工字形截面拉杆和索股锚固构造(锚固箱),构造明确,从钢板切割、焊接来说其质量可控。但锚固结构上有数量众多的钢筋混凝土榫穿孔,定位要求高,孔径加工精度高;由于锚固结构侧向刚度小,在加工中易产生侧向变形,若变形过大,将导致锚固板侧向摩擦增大;同时,锚固结构的外观几何尺寸和各锚固单元匹配性需通过预拼装检验,并为桥位安装提供依据。

锚固结构安装采用制造—安装一体化的理念,采用空间叠层定位安装法安装。锚固结构的预拼十分重要,如何解决结构高度大、侧向刚度小的锚固结构预拼,是锚固结构制造中的关键问题之一。

5.2.1 总体方案

锚固板最大宽度达 15.2m,整块制造一方面会导致锚固结构翻身困难,另一方面运输和吊装也难以实施,因此总体上采用分块制作、整体预拼的工艺。在设计中已考虑到上述因素,将锚固结构分为 1 ~4 块板单元(详见 5.1 节),各单元间通过法兰板进行连接。

基于总体工艺,锚固结构制造的工序为:板→零件→部件→单元件→预拼装→涂装→桥位安装。制造方案为:①先对钢板进行预处理;②采用数控火焰切割下料并完成零件拼装焊接;③利用平台画线、钻孔;④对锚固结构单元件进行拼装焊接和整体修整,完成单元件的制造;⑤采用整体预拼装方法检验各锚固单元间的匹配性,并记录相对位置;⑥对预拼合格的锚固结构进行除锈和涂装;⑦包装完成后水运至桥位安装。

分别制作锚固钢板、锚固锚箱、锚固钢板支架、锚固系统钢筋定位桁架,制作完成后将锚固钢板和锚固锚箱进行整体组焊。锚固结构支架、钢筋定位桁架在桥位进行安装,工艺流程如图 5-3 所示。

5.2.2 锚固结构钢筋混凝土榫穿孔加工技术

锚固结构钢筋混凝土榫传剪器穿孔为 ϕ60mm(部分锚固板单元还有 ϕ45mm)圆孔,且两端需倒 4mm ×4mm 的过度斜坡(图 5-4),该孔数量较多,精度要求较高,优质、高效的制孔方法是锚固结构制作的难点之一。

一般来说可采用以下两种制孔工艺方案(图 5-5):

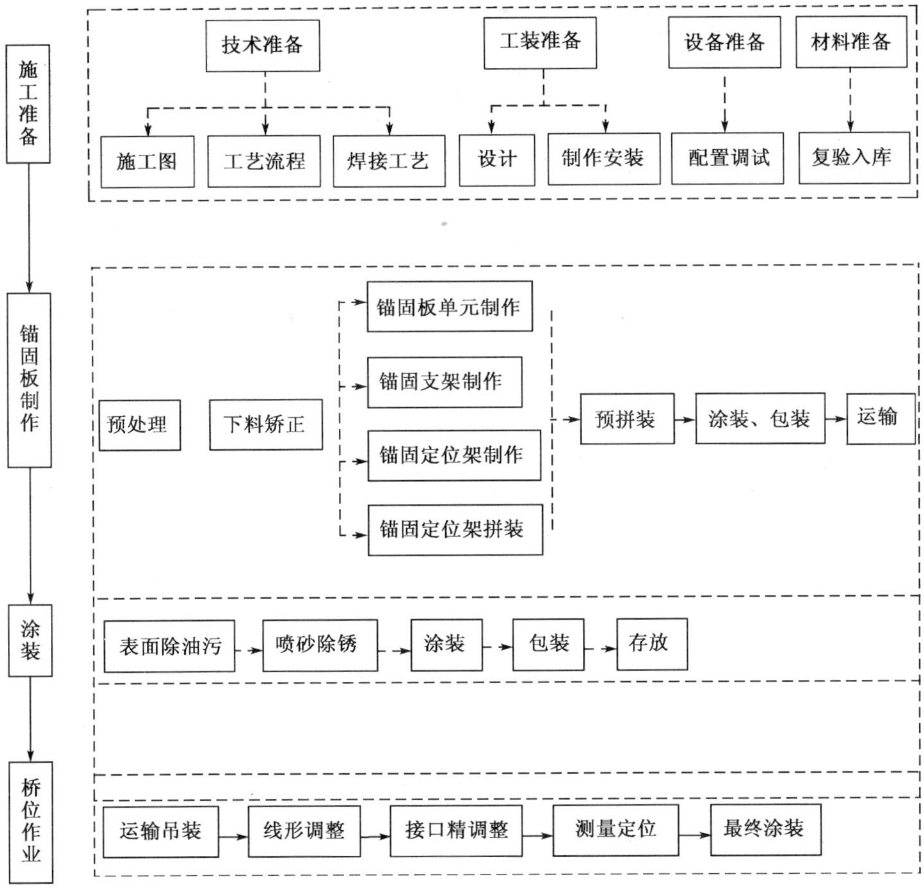

图5-3　制造工艺流程图

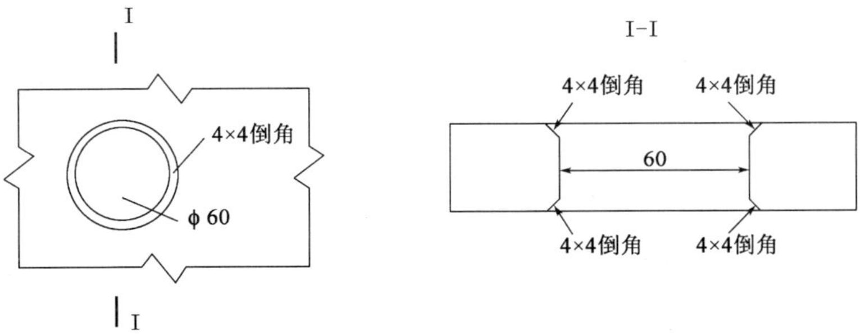

图5-4　钢筋混凝土榫传剪器穿孔大样(尺寸单位:mm)

a）摇臂钻床倒过渡斜坡

b）数控钻床制孔

图 5-5　制孔工艺

①普通制孔工艺，即采用普通摇臂钻床钻制。采用这种方法，投资小、设备操作简单、钢筋混凝土榫穿孔可同一胎架上一次钻制完成，可以减少锚固结构翻身次数，避免翻身带来的变形，但每个孔的钻制时间约为 15min 左右，钻孔误差约为 1mm 左右，钻孔的效率低且精度不高，工期较长。

②数控钻孔与摇臂钻倒棱相结合。采用数控钻床合金取芯钻头钻制 ϕ60mm 的钢筋混凝土榫孔，再使用摇臂钻床倒 4mm × 4mm 的过渡斜坡。这样每个孔的钻制时间约 40s 左右，钻孔误差约为 0.5mm 左右，不但可以提高钻孔精度，还可以大大提高生产效率。

在南京长江四桥锚固结构制造中，优先考虑制孔精度和生产效率，选择采用数控钻床取芯钻头进行钻孔，再采用摇臂钻床倒 4mm × 4mm 过渡斜坡的工艺进行制孔。锚固结构整体组焊完成后，经厂内检测所有孔均在误差范围内，桥位安装时所有芯棒钢筋均顺利通过，所有孔均满足设计要求。

5.2.3　锚固结构单元变形控制及现场吊装工装

锚固结构主体为厚 28mm 的钢板，钢板面大，侧向刚度小，且前端为开口设计，在制造、运输及安装过程中可能变形，如何控制综合因素引起锚固结构的变形是锚固板制造中的一个重点。变形控制需从部件生产过程和焊接变形控制入手。

（1）部件生产过程的变形控制

部件生产中的变形主要由钢板初始不平整和下料过程中的变形所致。因此，首先需校正原材料的初始不平整，即先使用滚板机对进场材料矫平，消除钢板残余应力，再对钢板进行预处理。下料时确保钢板处于同一平面，减少下料误差。

零件的下料加工过程中，需根据零件的具体形状和大小确定下料方法，并根据零件形状设置合理的热变形补偿量，设计合理的出入刀位置。零部件生产中难免会产生不平整，此时必须进行矫平(图5-6)。零件大多数采用冷矫正，此时环境温度不宜低于－12℃，矫正后的钢材表面不应有明显的凹痕和其他损伤，否则仍需进行整形。将零件组合成锚固结构后，因锚固结构尺寸过大，无法采用机器设备进行冷矫正，故宜采用热矫正，热矫正温度应控制在600～800℃，矫正后的残余温度应慢慢冷却。

图5-6　零部件矫正

(2)焊接过程中变形控制

焊接过程中的变形主要因焊接收缩变形和临时支撑刚度不足所致。前者应通过适当的工艺措施解决，后者则应根据锚固结构的质量、刚度设计专门的工装。

焊接前应首先对切割边进行打磨，加工焊接坡口(图5-7)，并对外露边进行打磨，为焊接质量提供保证。对焊接变形则应设计工装控制，采用抑制塑性变形、减少弹性变形的方法，焊接完成后进行火焰校正。制作过程在施工平台上进行，并采用临时支撑对锚固结构的两个肢进行约束，桥位安装定位后再拆除临时支撑；厂内存放时设置多个支撑点，避免由于自重引起下挠现象。

图5-7　坡口加工

焊接过程中采用对称焊接、分部焊接、预留后焊段的办法，确保焊缝平位焊接，利用马板进行约束，对焊接工艺参数进行跟踪、检查，有效地控制了锚固结构的变形（图5-8）。

图5-8 锚固结构组焊

（3）吊装及运输过程中控制变形

锚固结构侧向刚度较小，吊装及运输过程中均有可能产生一定的变形。解决这一问题的主要途径是：选择适当的吊装方法，并设计适当的工装。

经分析比较，锚固单元采用两点吊装法（图5-9），吊耳采用全围式吊耳（图5-10）。首先根据锚固结构的特点，计算重心位置，然后根据重心位置，设计吊点位置。共设置两个吊点，其中一吊点处为手拉葫芦调整点。锚固结构起吊后，采用手拉葫芦在空中调整锚固结构姿态，使锚固结构和桥位安装状态基本一致。在锚固结构锚固穿孔区，利用U形环进行吊装；在锚固结构工形区，靠近支撑架附件刚度较大处，在工形橡胶包裹的外面设置一个剪刀夹具，剪刀夹具连接一个小吊耳进行吊装。

5.2.4 锚固结构预拼装及匹配工艺

预拼装目的在于检验锚固结构外观几何尺寸的准确性、各锚固单元间的相对关系和匹配性。

锚固结构采用工厂制造与桥位安装一体化的施工方法，桥位现场安装时，锚固结构的几何尺寸可调量很小，基本是制造预拼装的重现。基于制造、安装全过程控制的理念，必须进行制造预拼装。

考虑到预拼装是锚固系统实桥状态的一种预演，预拼装精度必须严格控制。制造中的内部控制标准必须高于桥位架设要求。各个锚固单元之间的相对关

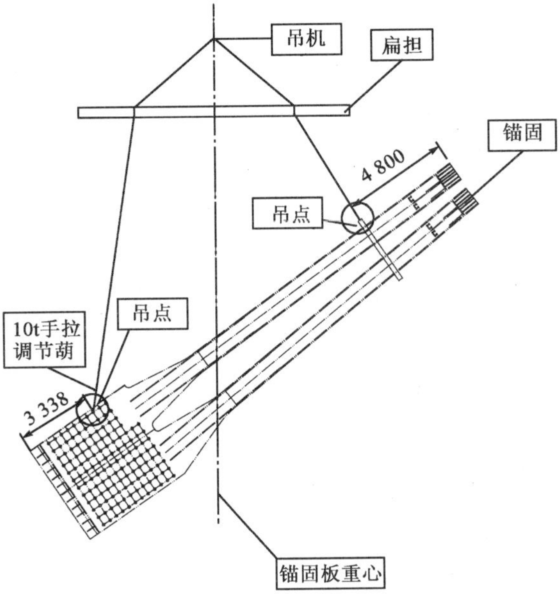

图 5-9　锚固结构吊点位置示意(尺寸单位:mm)

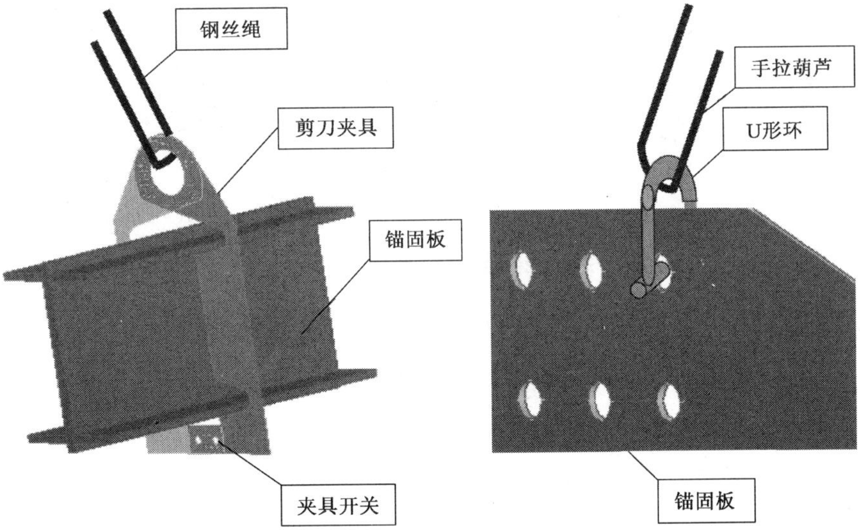

图 5-10　锚固结构专用吊具示意

系，以及各个锚固结构和预拼装定位基准面之间的角度，都必须满足内部控制标准要求。预拼装的精度检测主要由经纬仪和钢盘尺完成，预拼装精度要求见表5-1。

锚固系统预拼装精度允许偏差　　表5-1

序　号	项　目		容许误差	测量方法
1	锚固结构	前锚面测量定位点	±3mm	钢盘尺
2		与竖直及水平面角度偏差	±0.05°	经纬仪

预拼装的总体思路是，应尽量真实地模拟桥位实际安装的情况，同时，在预拼装中，还需探索桥位安装现场如何进行定位、调整的工艺，并设计相应的工装。

（1）锚固结构单元件精确定位

为了做到单元件精确定位，可以以锚固结构单元件间的法兰板作为定位标志，若单元件法兰上的螺栓孔为通孔，即表明锚固结构间已精确匹配。在拼装中，为使锚固单元顺利对接，还需设计相应的工装。

参考南京长江三桥钢塔节段的定位方法，预拼装的过程中，在下部锚固结构上设置了“漏斗形”定位导向板（图5-11），只要上部锚固结构进入导向板内，锚固结构下放过程中，在导向板侧向力的作用下，上部锚固结构可自动被导入适当的位置，这样即做到了横向的精确匹配和纵向的初步匹配，在纵向上，利用锚固结构连接法兰面，进行适当的微调，也不难做到精确匹配，该方法原理明确，设备简单，在高空定位时方便、快捷、准确。

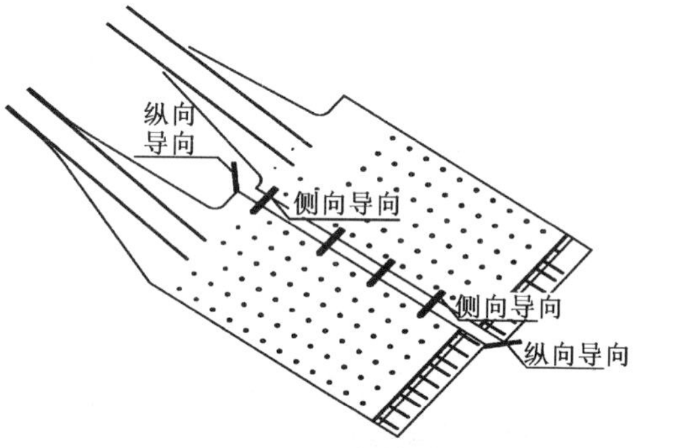

图5-11　定位导向示意

（2）预拼装状态对桥位安装状态的逼近及桥位安装恢复方法

由于锚固结构不仅在立面上倾斜，在横桥向上也有一定的倾斜角，预拼装状态的锚固结构是一个三维空间平面。而且由于锚固结构刚度较小，不大的侧向荷载即可能影响其空间姿态。如何确保预拼装状态最接近实桥安装，是预拼装中最为关键的一个问题，同时如何采取适当的工艺措施，在桥位预拼时可方便地恢复到预拼状态，也是预拼装过程中的一个重要内容。

为了做到预拼装状态与桥位安装状态相近，首先设计了接近实桥工况的预拼装胎架。胎架设计过程中，需要与安装单位密切合作，充分了解桥位施工过程、施工环境及桥位施工与预拼装工序的连续性工作，设置合理的对位线。

预拼装各项检测合格后，构件之间做好标志，具体地可以以定位孔作为定位标志，并记录预拼状态定位销位置，桥位根据预拼记录恢复定位销；预拼中还需记录并标志调节工装位置及调节量，桥位在同一位置采用同一调节量重新调节工装。这样就达到了逼近桥位安装状态、为桥位安装提供了基准位置的目的。

(3)预拼装状态检测

预拼装时锚固结构的空间姿态各不相同，如何检测锚固结构之间的相对位置关系是预拼装工程的一个关键点。

整个预拼装过程可采用全站仪进行全面检测。首先需在预拼装胎架预埋全站仪测量基准点及观察点，在构件特征点上粘贴检测反光片。整个检测过程必须在温度相对稳定的时候进行，以减小温度带来的检测误差。同时将检测状态做好记录，为桥位安装参考。

(4)立位预拼装

预拼装可采用两种方法进行，即立位预拼装和水平预拼装。立位预拼，可真实地模拟桥位实际安装的情况，从理论上来说这是最能检验锚固结构外观几何尺寸和匹配性的拼装方式。有鉴于此，南京长江四桥的锚固结构制造中，首先对立位预拼装进行了研究。

立位预拼装胎架设计既要实现单块锚固结构在桥位时的安装状态，又要确定各锚固结构之间的相互关系，同时还要被用作安全施工的操作平台。整体设计思路是根据锚固结构实桥状态用型钢搭成一个整体框架，预留锚固结构吊装出入口，方便锚固结构放入及解体。

框架的强度必须足够承载锚固结构的自重，有抵抗吊装过程中意外碰撞的能力；同时框架还必须具备足够的刚度，以防止锚固结构定位时发生过大的变形。对特殊受力点进行加强，满足锚固结构空间姿态受力需要。人员操作平台用脚手架搭设，周围安装防护网，作为预拼装时的操作平台。胎架整体结构见图

5-12。

锚固结构角点受力部位设置L形角凳，作为锚固结构角部与胎架接触的主要受力构件。角凳位于锚固结构下端，下设置立柱，立柱传力给地面，详见图5-13。各立柱之间通过横梁、水平支撑、垂直支撑相互连接，形成稳定的框架体系，使胎架稳定、牢固。详见图5-14。

图5-12　立位预拼装胎架

图5-13　L形角凳构造

框架立柱上设置顶镐，用来调节锚固结构的姿态，同时预拼中使用顶镐顶紧锚固结构，使锚固结构与胎架完全接触，防止锚固结构倾倒或滑动。锚固结构后端使用双向丝杠调整空间位置，详见图5-15和图5-16。

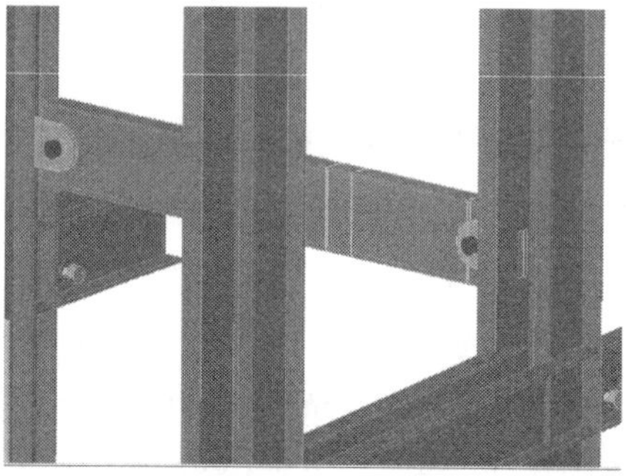

图5-14　梁柱连接构造

图5-15　立柱上的双向顶镐

经计算，当锚固结构在胎架上定位时，胎架中最大应力约为75MPa，最大变形量为10mm。

根据实桥施工顺序及施工状态，预拼装过程中按锚体对预拼装批次进行划分，划分的原则是：确保每一块锚固结构左右相接。根据这个原则，南京长江四桥中每个锚体共需要9次预拼装，全桥4个锚体共计36次。预拼装批次划分见

图 5-17，根据上述分析，立位预拼装的工艺流程见图 5-18。

预拼装在专用工装上进行，参与预拼装的每个锚固结构都必须先行检测合格。另外，为了保证锚固系统预拼装的顺利进行，锚固系统中的每一个单元体要先水平试装，在试装过程中拼装焊接每块之间的连接板。

图 5-16　锚固结构的双向丝杠

立位预拼装的优点是可以模拟实桥状态，但从本质上来说，属于先制造后预拼的方式，对锚固结构单元件的制造精度要求极高，一旦预拼失败，则必须对单元件进行修整，甚至存在报废的可能。而且预拼装胎架复杂，利用率低，生产效率低。有鉴于此，在南京长江四桥锚固结构的实际制造中，经两轮预拼实践后，放弃了立位预拼方案，开发了水平预拼方法。

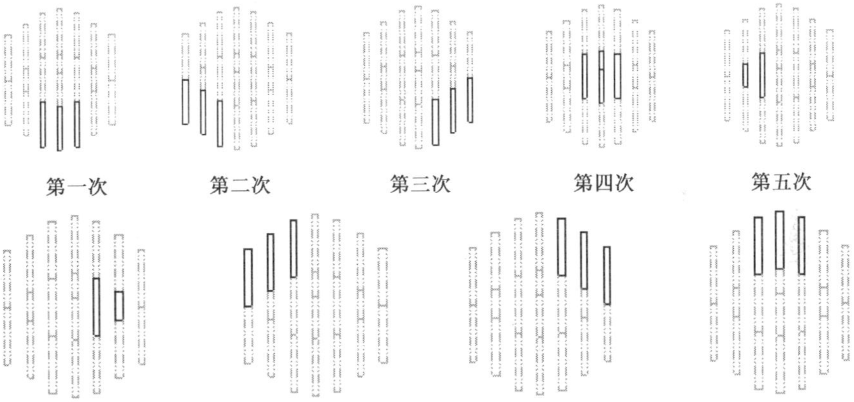

图 5-17　预拼装划分

（5）水平预拼装

水平预拼装是根据锚固结构单元划分设计，将每一个锚固结构单元在平台上进行预拼装。水平预拼装南锚每锚碇预拼 9 次，北锚每锚碇预拼 7 次，全桥共计 32 次。水平预拼装流程见图 5-19。

预拼装过程中检查法兰面是否密贴，螺栓通孔率是否满足要求，锚固结构角度是否满足精度要求，锚固结构平面度是否满足要求。每一项检查都进行详细记录，并对每个锚固结构进行编号，将这些记录作为桥位安装的依据。对不满足要求的进行修正，以满足桥位安装需要。水平预拼见图 5-20。

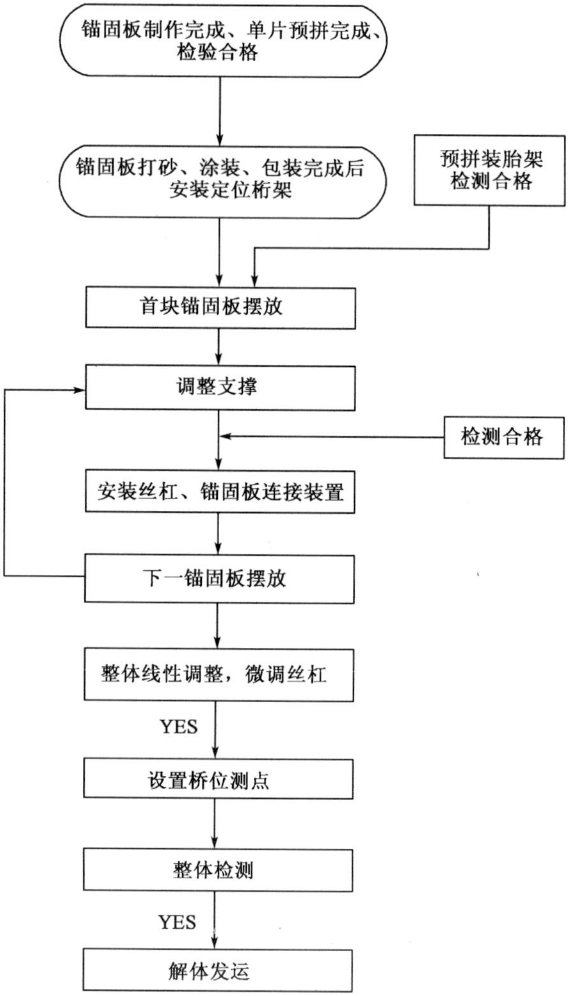

图 5-18　立位预拼装工艺流程

水平预拼装属于制造—预拼—体化的方式，各单元件的匹配性可以在制造中可自然满足。从技术上来说，水平预拼采用水平制造的方式，可以克服单元件侧向刚度小的问题。预拼装状态调整、检测方便，检测结果误差较小，还可以及时对锚固结构整体水平度进行修整，确保桥位架设顺利进行。

在预拼合格后，对各单元件的相对位置做好标记和记录，在桥位安装时根据标记安装，同样可实现制造—安装一体化的施工理念。从生产效率来说，水平预拼可以实现多个胎架同时制造、同时预拼，生产效率明显提高。立位预拼与水平预拼的不同之处在于，前者可以考虑锚固结构自重的影响，而水平预拼则不能考虑这一因素。计算表明，自重作用下锚固结构的变形很小，对几何尺寸和匹配性的影响可以忽略，这一点在南京长江四桥的桥位拼装中已得到证实。至于锚固区（钢筋混凝土榫传剪器区）侧向刚度小的问题，可以通过螺栓连接型钢附加加劲肋的方式解决。

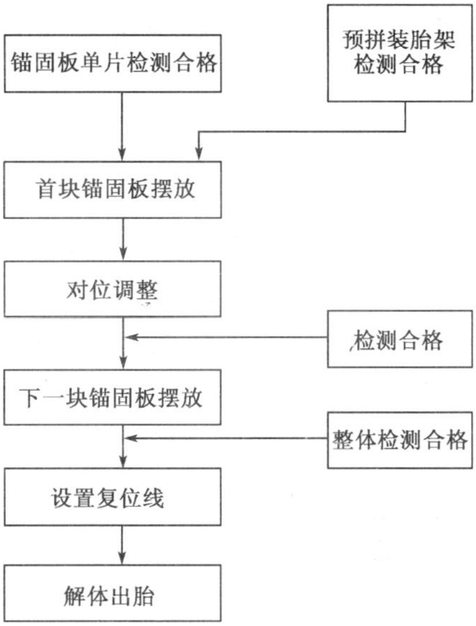

图5-19　水平预拼装工艺流程

图5-20　水平预拼装图

从经济上来说，采用水平预拼方案省去了立位预拼的胎架，节约了人工，具有良好的经济效益，南京长江四桥锚固板制造表明，采用水平预拼单个锚体节约材料费用190万元，节省设备费用10万元，节省人工费用6万元，以上合计可减少成本206万元。经综合比较，建议在今后锚固结构的制造中以采用水平预拼装方案为宜。

5.2.5 南京长江四桥锚固结构制造效果

由于锚固结构数量众多,受篇幅所限将不一一列出各锚固结构的制造结果。总体来看,在南京长江四桥的锚固结构制造中,严格控制了锚固钢板变形和焊接变形,锚固钢板制作精度满足设计要求。锚固结构角度通过经纬仪、全站仪等精密仪器,配合钢尺等测量工具,施工过程中严格控制,所有锚固钢板角度误差均不大于±0.05°,平面度误差在2mm以内,这说明锚固结构水平预拼装精度完全满足设计要求。图5-21为B3锚固板测量示意图,表5-2给出了B3锚固结构的检测结果。

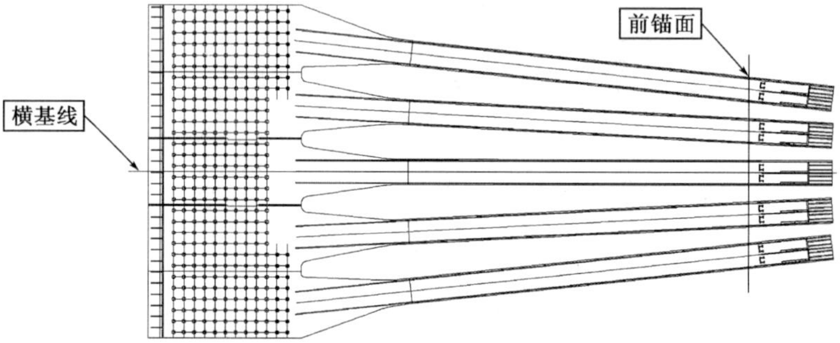

图5-21 B3锚固板测量

B3锚固结构水平预拼装检测数据 表5-2

检测项目	允许偏差	检测方法和频率	实测结果
横基线错位	≤2mm	经纬仪检测	2mm
锚固结构角度偏差	±0.05°	经纬仪检测	0.01°
扭曲	≤5mm	水准仪	2.5mm
前锚面距离	±2mm	刚盘尺	1mm
锚固结构平面度	≤2mm	水准仪	2mm

5.3 锚固结构安装及精确定位

与其他锚固系统相同,锚固结构的安装是锚固系统施工中较为复杂、难度较大的环节。现有的锚固结构的安装、定位方法基本以大型钢支架定位为主,锚固结构由支架支撑,钢支架的安装精度和刚度基本决定了锚固结构的安装精度。这种方式施工临时设施用钢量大,施工中影响因素多。因此,对于分布传力锚固结构,需根据锚固板的结构行为特点开发新的安装、定位方法。

锚固板的安装、定位施工具有以下不同于其他锚固系统的特点:

①钢筋混凝土榫为锚固系统的关键受力部位,而传剪器中钢板孔洞与芯棒钢筋之间的相对关系对传剪器性能有较大影响,因此锚固钢板空间定位精度要求高,必须设置可靠的支撑系统。

②锚固钢板分层叠加安装次数多,首层锚固钢板定位精度决定了整块锚固钢板的安装精度。

③锚固钢板几何形状不规则,单件体积大,且运输过程中存在多次吊装。

④对于南京长江四桥来说,由于锚碇位置结构物较多,锚固板吊装需与周围地形地物协调。

根据上述特点,在南京长江四桥施工中提出了锚固板安装的空间叠层定位法。

5.3.1　空间叠层定位的原理

根据制造—安装全过程控制的理念,锚固结构在工厂制造时已经过预拼,整块锚固板(如B1)各单元间的相对关系已确定,而且是满足匹配要求的。理论上,预拼时确定的锚固板各单元间的相对关系是不变的,因此,若第一层锚固板空间姿态(平面位置、高程、纵向倾角、横向倾角、绕竖向转角)精准,则只需按照工厂预拼时的标记点将上下层锚固板精确对位,则新安装的锚固板与已安装的锚固板的相对位置将恢复至工厂预拼状态。由于第一层姿态正确,第二层与第一层间的相对关系正确,第二层的空间姿态也是正确的,以此类推,后续锚固板的空间姿态也可得到保证。因此,可实现类似“搭积木”的安装方式——空间叠层定位。采用这一方法,排除了温度、风等环境因素对测量的影响,实现了全天候安装。事实上,这一理念在钢锚箱的制造和安装中已经过检验,在锚固板的拼装中同样也是适用的,只是锚固板侧向刚度较小,其横向倾角需进行一定的测量和调整。具体的实现方法如下。

上、下层锚固钢板之间设置有定位法兰(图5-22),安装时首先安装限位板(图5-23),将上层锚固钢板导入适当的位置。然后,将上、下层锚固板的法兰对准,完成横向平面定位,之后精确定位锚固钢板端部,并检查上下层钢板定位标记是否对齐,可利用上下层锚固钢板之间的螺栓连接孔(图5-24)来对齐,定位标记对齐后,插入定位销,完成纵向定位。

图 5-22 匹配法兰

图 5-23 限位板

图 5-24 定位孔

受板端法兰面的约束，叠加层锚固钢板的板端只需调整横向角度，可采用丝杆进行调整，梁端采用千斤顶精细调整，辅助用丝杆进行定位。锚固板调整到位后，在板端用丝杆与相邻板连接，梁端用型钢支撑在支架5上，定位精度满足要求后，在板中连接上、下层支架，并将连接支架用角钢横向连接成整体，形成整体刚度。

以下各小节将详细介绍南京长江四桥锚固结构的安装过程。

5.3.2 南京长江四桥锚固结构吊装及定位方案

(1) 吊装设备的选择

单个锚体锚固结构总质量 1 167t，分片后单元件最大质量约 12t，起吊质量较小，给吊装设备的选择带来了较大的方便。根据起吊质量、结构构造特点和桥位的地形、地物情况，初步拟订了两个方案。

方案一：使用 2 台 50t 龙门吊作为安装设备，门架采用贝雷架，龙门吊净跨度 24m，高度约 18m。龙门吊横跨锚块布置，左右幅各布置 1 台。锚区南侧施工平台处设置锚固板拼装场地。锚区内龙门吊基础布置在锚体底板（1 号块）上，采用 ϕ630mm × 8mm 钢管支架作为支撑，在支撑顶面布置 HN588 型钢作为龙门吊轨道梁，龙门吊轨道直接固定在轨道梁上。锚区外龙门吊基础轨道梁通过埋件直接固定在外平台混凝土上。龙门吊结构及布置见图 5-25 和图 5-26。

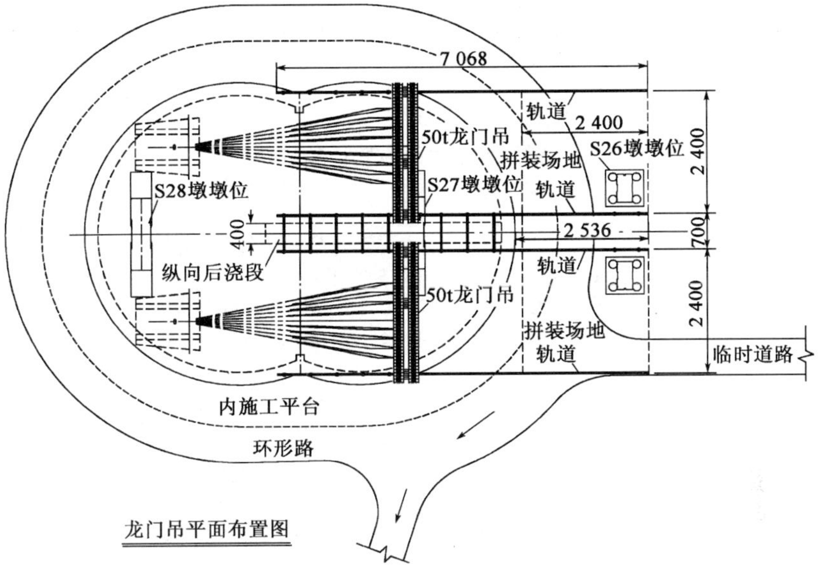

图 5-25　方案一龙门吊布置平面(尺寸单位:cm)

方案二:使用 1 台 200t 履带吊作为安装设备(图 5-27)。锚固钢板以 B4 单元最重,约 240kN。根据地形、地物情况,安装时履带吊吊幅为 22m。吊幅最远的为 B5 锚固钢板单元,该单元重约 220kN,吊幅为 23m。根据 200t 履带吊性能参数,吊臂长 36.6m,满足吊装空间的要求。此外,吊幅 22m 时起重能力为 363kN,吊幅 23m 时起重能力为 325kN,均满足吊重的要求。

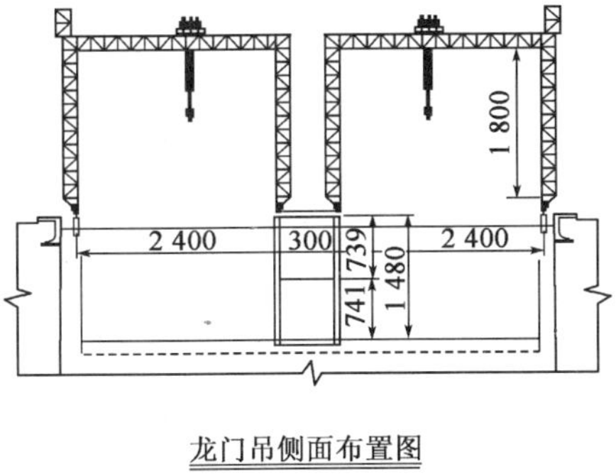

图 5-26　方案一龙门吊布置立面(尺寸单位:cm)

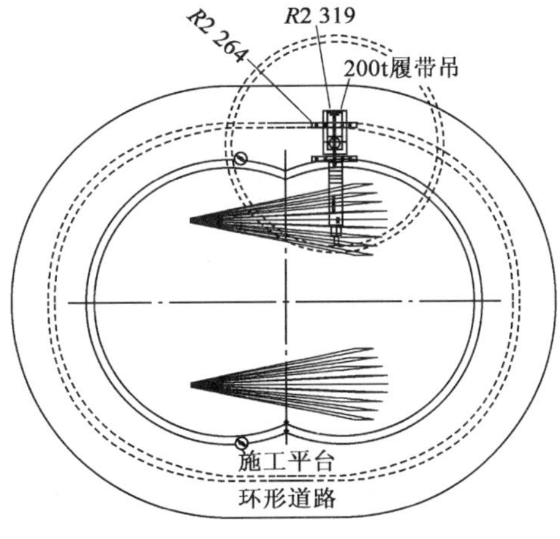

图 5-27　锚固钢板安装时 200t 履带吊吊幅示意图(尺寸单位:cm)

从上述分析可看出，两种吊装方案无论是吊重还是吊幅均能满足锚固结构吊装的要求，方案的选择应综合结构特点、施工效率、环境约束条件等方面来考虑，具体见表5-3。

锚固钢板吊装方案比较表 表5-3

吊装方式	优点	缺点
方案一	设备起重量大，单片锚固结构可分2次进行安装； 左右幅锚固结构可同时进行安装	需要2台50t龙门吊及大量型钢，材料成本高； 龙门吊安装与拆除周期长，对整个工序转换影响时间长； 锚碇后需要大片场地来存放锚固钢板，对相邻墩身施工有影响
方案二	吊装灵活； 设备进出场方便，对后续工作无影响； 吊装作业对相邻墩身施工无影响	市场设备较少，租赁难道大，需提前预租； 租赁费用高； 起重量有限，对锚固钢板分层有要求； 左右幅需流水作业； 需另外设置锚固钢板存放区

考虑到方案二吊装灵活，吊装作业对相邻墩身施工无影响，可方便地适应地形、地物，对锚固钢板安装后续工作影响小，南京长江四桥施工中最终选用方案二。

需要特别指出的是，由于锚固单元刚度较小，制造单位根据设计单位指定的吊点，制造了专用吊装工装(图5-9、图5-10)，在吊装中，该工装为锚固单元提供了有效的约束，较好地解决了吊装过程中锚固结构可能存在的变形问题。

(2)锚固结构吊装分层

设计单位对锚固结构已进行了单元划分，单个锚体共9块锚固板，B1锚固板由7根工字梁(单元)组成，B2锚固钢板由6根工字梁组成，B3锚固钢板由5根工字梁组成，B4锚固钢板由4根工字梁组成，B5锚固钢板由3根工字梁组成。考虑到单件单元吊装质量较小，在满足不改变锚固结构单元划分的前提下，可根据吊重和吊幅，适当组合单元件，提高吊装效率。有鉴于此，施工中构思了三个锚固结构分层吊装方案，各方案分层方式如图5-28所示(以B1为例)。

方案一：单片锚固钢板每1根工字梁分成1块，即按设计单位的锚固结构单元进行吊装，一次吊装一个单元。按照此方式B1锚固钢板分7块，B2分6块，B3分5块，B4分4块，B5分3块。B1～B5中最重块长23m、宽2.4m、重约120kN。

方案二：B1～B4锚固钢板分2块吊装，B5板结构高度小，重量轻，分1块即整块吊装。按此种方式，B1～B5中最重块长23m、宽8.4m、重约460kN。

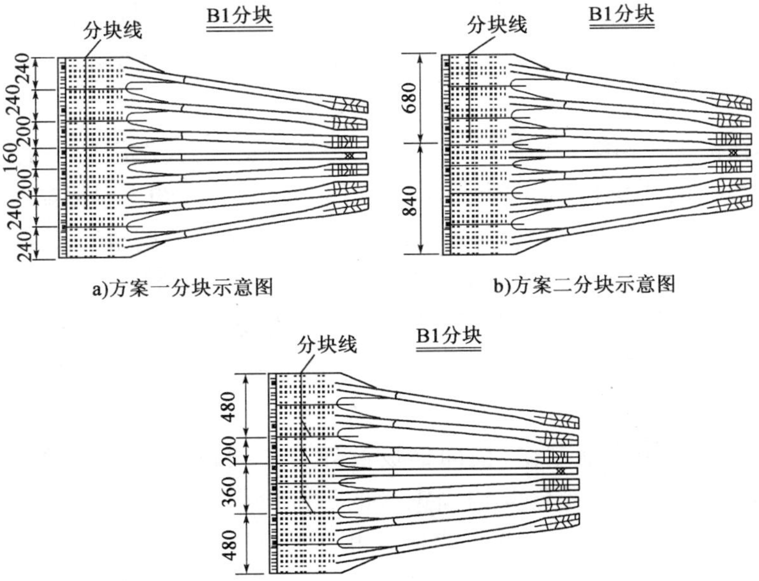

a)方案一分块示意图

b)方案二分块示意图

c)方案三分块示意图

图 5-28 吊装分层方案

方案三：每块锚固钢板高度方向每两根工字钢组合成块单元，即每两个设计单元作为一个吊装单元，按照此方式 B1 锚固钢板分 4 块，B2 分 3 块，B3 分 3 块，B4 分 2 块，B5 分 2 块。B1 ~ B5 中最重块长 23m、宽 4.8m、重约 240kN。

根据上述分层方案，结合锚固结构单元拼装质量、吊装设备、运输方式对三个方案进行了比较，见表 5-4。

锚固结构吊装分层方案比较表 表 5-4

分层方式	优点	缺点
方案一	块单元小、有利于运输及安装； 可实现陆运方式； 对起重设备要求相对较低； 单层锚固钢板高度对应的锚体混凝土分层高度相对较薄； 定位支架轻巧	分块数量多，现场安装次数多，安装周期长，对工期不利； 不利于制作、安装精度控制，累计误差较大
方案二	现场安装次数少，有利于工期控制； 便于制作、安装精度控制	单片锚固结构尺寸大，不宜于陆地运输，不适用四桥运输条件； 对吊装设备要求高，宜采用龙门吊进行安装； 定位系统较庞大； 体型过大，容易产生吊装变形
方案三	从安装次数及安装精度控制等方面介于方案一与方案二之间	必须采用水运至施工码头，之后陆运至四桥锚碇

由表可知，方案三单元件现场拼装较少，有利于控制拼装质量，运输问题也容易解决，南京长江四桥选择方案三作为锚固钢板吊装分层方案。

(3)锚固结构定位支架

锚固结构定位桁架是锚固结构在桥位安装的支架，其作用是在浇筑锚碇混凝土之前和浇筑过程中，为锚固结构提供可靠支承，有效约束锚固结构，防止锚固结构变形，同时在安装节段时，还需满足能方便、灵活地调整锚固结构姿态的要求。在这一前提下，施工中拟定了两个方案。

方案一：采用类似于钢框架后锚梁的整体式桁架定位方案，即在锚固钢板安装之前先精确安装支撑桁架，通过桁架定位精度控制锚固钢板的安装精度(图5-29)。

定位支架采用型钢制作，锚固钢板设计与支架设计同步考虑，并设计可靠的支承点，即支承体系作为锚固钢板的一部分。支架分块制作，并进行整体预拼装，检验其制作精度及与锚固钢板的匹配精度。施工现场先精确定位支持体系，然后安装锚固钢板，通过支撑体系的精度控制锚固钢板的安装精度。

方案二：采用轻型支架方案。结合空间叠层定位法，上层锚固板叠置于下层锚固板之上，可为其提供竖向支撑(钢拉杆部分仍需通过支架支撑)，支架主要是限制锚固结构的水平位移和横向位置，这样支架的设计可大大简化，并采用较为轻型的结构，空间叠层定位的优点得到体现。

该方案定位支架采用型钢制作，锚固钢板先搁置在支架上，然后用千斤顶精确调整锚固结构的位置，最后依靠支架固定锚固钢板。定位支架见图5-30。表5-5中给出了两种方案的对比。

图5-29 方案一 定位支架示意

图5-30 方案二 定位支架

锚固钢板支架定位方案比较表　　表5-5

吊装方式	优点	缺点
方案一	定位支架可实现工厂化制作，精度有保障； 只需要对定位桁架进行定位精度控制，简化了锚固钢板安装定位程序，可缩短锚固钢板安装时间	整体式定位桁架钢材用量高，增加投资成本； 支架制作精度控制锚固钢板的安装精度，难满足锚固钢板高精度控制要求； 定位支架及锚固钢板必须进行整体预拼装，检验其制作精度，需要花费较大的预拼装成本
方案二	支架结构简易，安装灵活； 支架分层安装，可节省钢材用量，便于成本控制； 锚固钢板精度通过现场调整确定，有利于锚固钢板的高精度控制	支架分层安装，现场安装工作量大，延长了安装周期； 锚固钢板定位难度大，定位工作量大，定位时间长，延长了安装周期

从表5-5可以看出，方案一虽然可实现工厂化制作，简化了锚固结构安装定位程序，但这有赖于准确的支架变形计算和精确制造，而且在安装现场锚固板可调量很小，一旦支架变形与计算值不符或加工精度不足，必然带来锚固板的定位误差。反观方案二，紧密结合空间叠层定位法，采用先支撑后精调定位的方式，锚固结构的姿态调整灵活方便，定位风险较小，虽然安装周期较方案一长，但从确保安装精度的角度考虑，方案二较方案一更有优势一些。而且从施工临时设施的用量来说，方案二远小于方案一，成本较方案一要低得多。南京长江四桥的施工实践表明，与钢框架后锚梁的整体式桁架定位方案相比，分布传力式锚固系统单个锚体安装临时支架节约用钢量300t，可节约成本240万元。

5.3.3 锚固板吊装定位的实施

(1)锚固结构分层与锚体混凝土浇筑分层的关系

锚固结构的安装与锚体混凝土的浇筑是交叉进行的，二者均需分层施工，二者的分层协调良好可给施工带来较大的便利。在确定分层时，应综合考虑锚体混凝土施工和锚固结构安装的需要，这是确定锚固结构分层基本原则。在5.3.2节中已介绍了锚固结构的分层情况，这里还需考察锚固结构分层与锚体混凝土分层的相对关系。

锚体混凝土的分层主要从温度控制和传剪器混凝土浇筑的角度考虑，要求采用薄层，且分层厚度从下倒上由薄到厚。具体分层情况见图5-31，图中“4-1”表示4号块体第1层混凝土，其余类推。

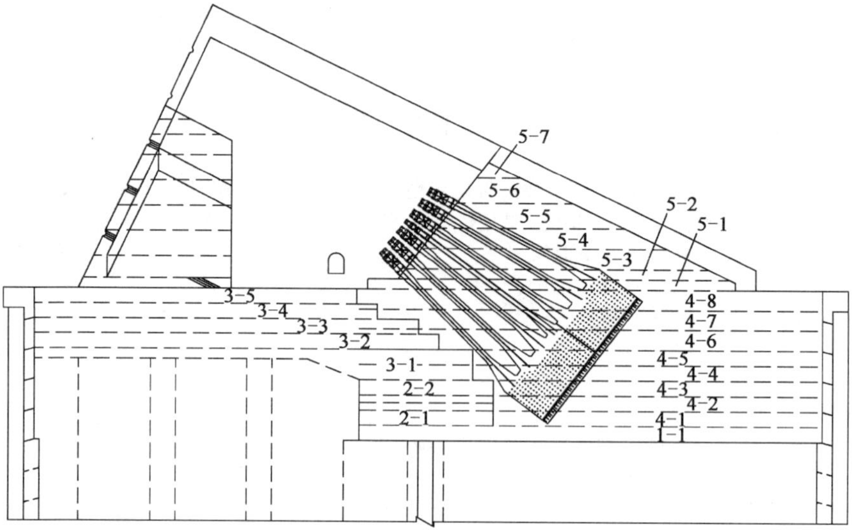

图 5-31　锚体混凝土浇筑分层

由图可知,锚固板主要位于 4 号块体内,结合 5.3.2 节锚固板分层方案,锚体 4 号块体各层与锚固钢板各层关系见图 5-32。

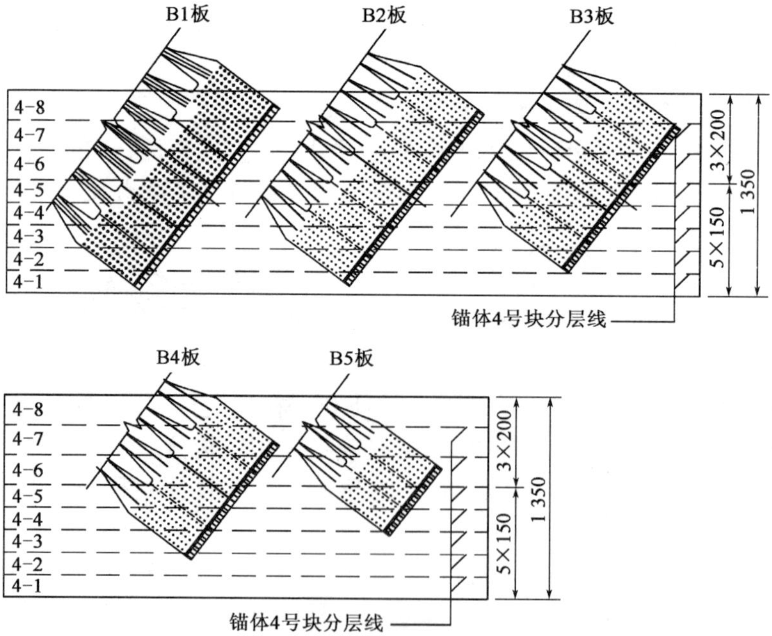

图 5-32　锚固结构与 4 号块体的关系(尺寸单位:cm)

(2)锚固结构定位支架设计

锚固结构定位支架的设计应紧密结合锚固结构的安装方法和锚体混凝土的施工工艺进行。由5.3.2节的施工方案可知,B1～B4锚固结构分别分4、3、3、2层吊装。

由空间叠层定位法可知,底层锚固结构定位精度决定了整个锚固结构安装精度。第一层锚固结构全部依靠临时支架进行精确定位。第一层以上锚固结构与第一层锚固结构在锚板处通过螺栓连接,锚固板顶口依靠临时支架或者已经安装好的锚固板定位(只定位横桥向倾角);梁端均依靠临时支架定位。

根据上述分析,单片锚固结构第一层的定位共布置5处临时支架,具体布置见图5-33。支架1与支架2设置在锚板底端,支架3与支架4设置在工字梁钢板中底部,并与锚固结构连接支架底端位置对应,支架5布置在各锚固结构之间。锚固结构搁置在支架1-4的支撑梁上,支架结构形式见图5-34。支架1与支架5可横向固定锚固结构。

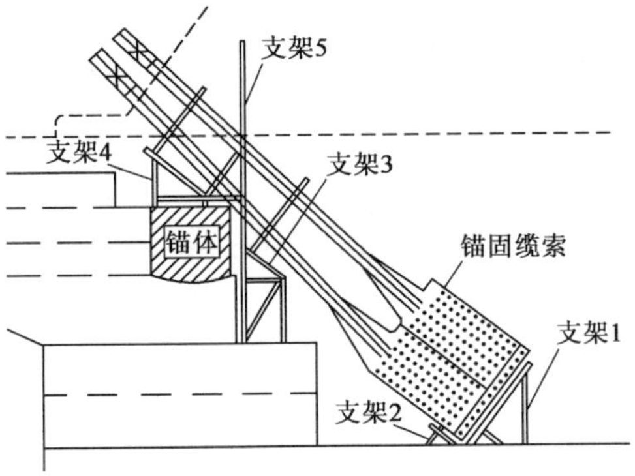

图5-33　第一层锚固钢板支架布置图

图5-34　支架现场图片

第一层以上锚固钢板的板端支撑在第一层锚固钢板之上,梁端搁置在支架5上。在先安装的锚固钢板的板端设置横向定位支架,其他锚固钢板与已经安好的板之间设置丝杆进行临时横向定位(图5-35),并作为横向位置调节的设备,精确定位用横向连接桁架相连,以增加横向刚度(图5-36)。梁端用支架5进行横向定位。

支架1设置在锚固钢板端部,用于支撑锚固钢板轴线方向重力。考虑端部芯棒钢筋布置密集,支架1采用型钢制作,由支撑架及支撑梁组成,支撑架采用

I25a 工字钢制作，通过预埋件固定在混凝土面上，支撑架对应布置在各锚固钢板中间，并与剪力钢筋位置错开。支撑梁采用 HN250 型钢制作，支架 1 结构见图 5-37。

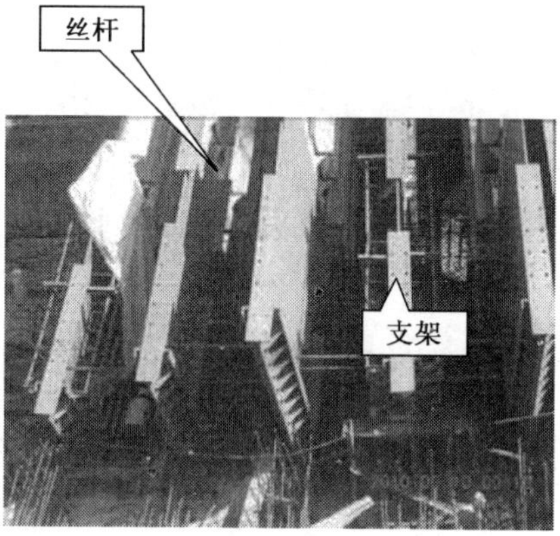

图 5-35　丝杆临时定位

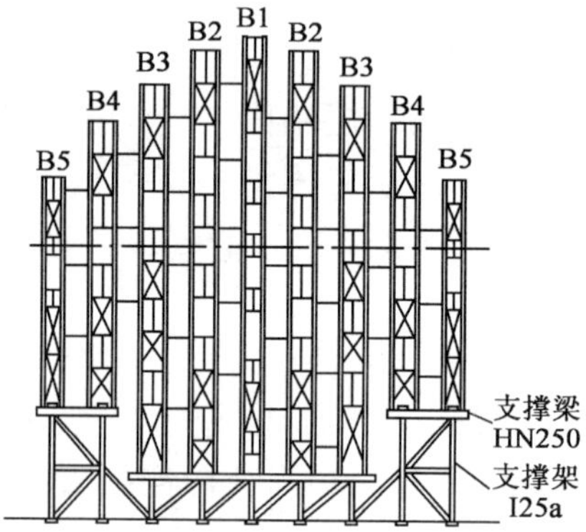

图 5-36　横向连接桁架

支架 2 设置在锚固钢板下端底部，用于支撑锚固钢板垂直于轴线方向的重力，考虑端部剪力钢筋布置密集，支架 2 采用型钢制作，由支撑架及支撑梁组成，支撑架采用 I25a 工字钢制作，通过预埋件固定在混凝土面上，支撑架对应布置在各锚固钢板中间，并与剪力钢筋位置错开。支撑梁采用 HN250 型钢制作，支架 2 结构见图 5-38。

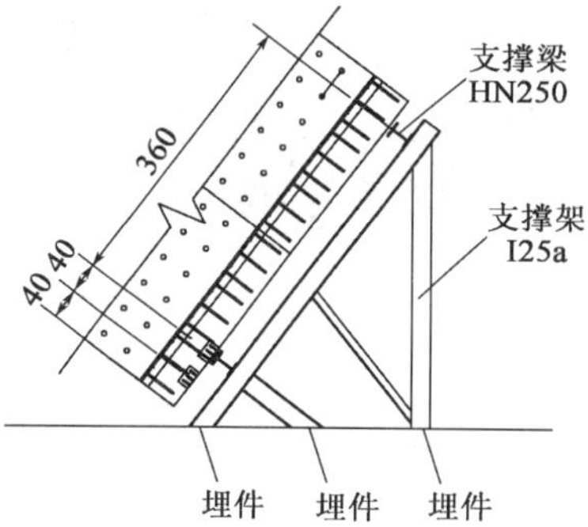

图 5-37　临时定位支架 1 结构（尺寸单位：mm）

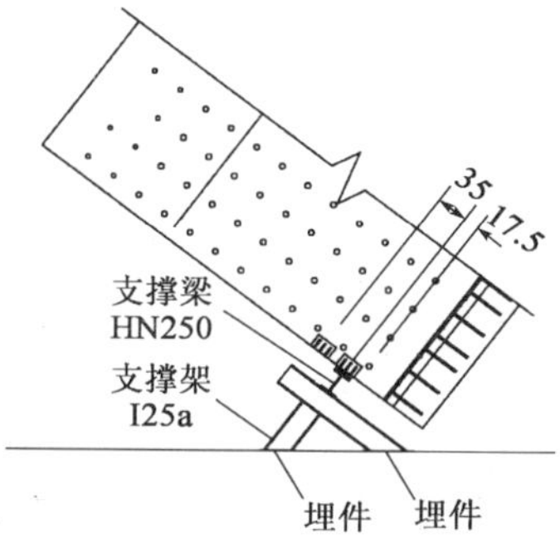

图 5-38　临时定位支架 2 结构（尺寸单位：mm）

支架 3 设置在锚固钢板连接支架底部，也采用型钢制作，由支撑架及支撑梁组成，支撑架采用 I25a 工字钢制作，通过预埋件固定在混凝土面上，支撑架对应布置在各锚固钢板连接支架正下方，支撑梁采用 HN250 型钢制作，支架 3 结构见图 5-39。支架 3 一次安装到位，各支撑架之间用∠100mm × 10mm 角钢连接。

支架 4 设置在横撑上，支撑梁采用 HN250 型钢，支架 4 结构见图 5-40，支架 4 一次安装到位。

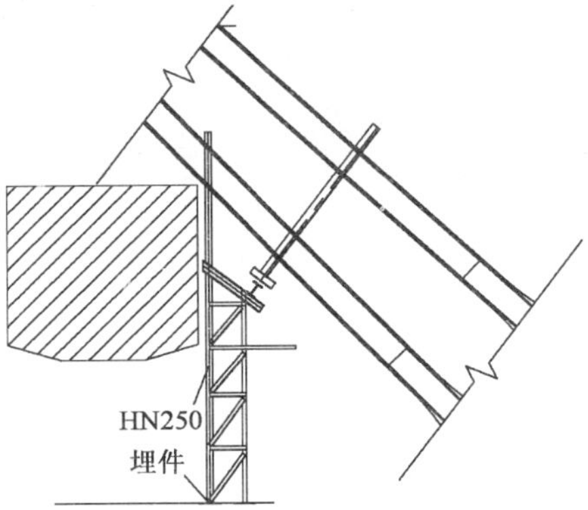

图 5-39　临时定位支架 3 结构

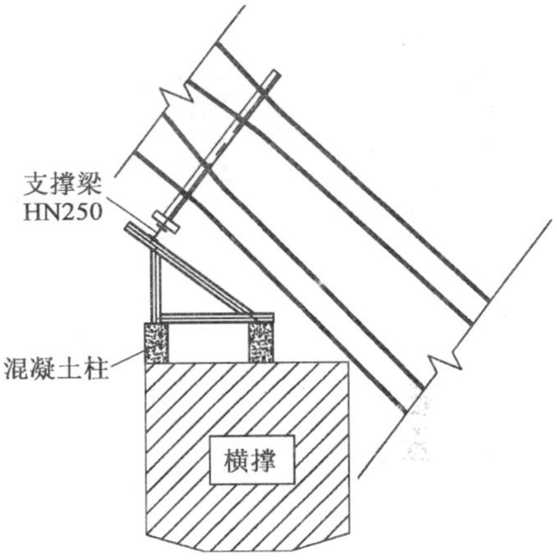

图 5-40　临时定位支架 4 结构

第一层以上锚固钢板梁端部需要侧向及竖向定位，在支架 4 上将 HN250 型钢接高，各型钢之安装支撑梁，各立柱与支架 4 纵向连接，形成支架 5。因各锚固钢板之间净间隙较小，在锚固钢板吊装完毕后用角钢横向连接，形成整体刚度。

(3) 定位支架安装

支架 1、支架 2 根据各片锚固钢板安装顺序，在前层锚块混凝土浇注完后进行。支架 3、支架 4 在锚体 2 号块施工完后一次安装到位。支架 5 对锚固钢板吊装有一定影响，根据锚固钢板安装顺序，采取分层、分片安装方式。

支架 1、支架 2、支架 3 及支架 4 上面支撑梁与锚固钢板支撑点之间预留 3 ~ 5cm 间距，在支撑梁安装完后，用薄钢板将支撑点精确调整至设计位置，锚固钢板定位在支撑梁上，支架安装在测量监控下进行。支架安装见图 5-41。

(4) 锚固板的起吊

锚固板起吊分为侧向翻身、翻身后起吊及正式吊装 3 个过程，侧向翻身采用两台 80t 龙门吊做主吊，200t 履带吊辅助抬吊，翻身后的锚固钢板由两台龙门吊抬吊。侧向翻身吊点布置见图 5-42 和图 5-43。

图 5-41　支架安装

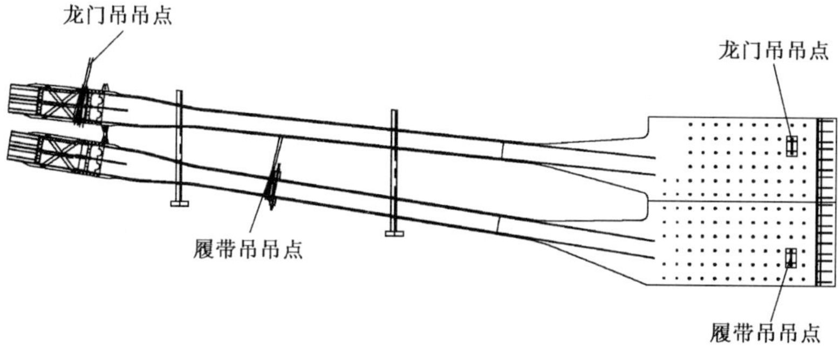

图 5-42　锚固钢板起吊吊点布置图

图 5-43　锚固钢板吊点布置图

锚固钢板空中翻身、起吊时先在履带吊的辅助下，用龙门吊将锚固钢板由水平方向空中翻身至竖直方向，完成翻身起吊。翻身完成后，在一台龙门吊辅助下用履带吊将锚固钢板空中起吊至倾斜状态，完成翻身后起吊，起吊过程见

图 5-44。

图 5-44　锚固钢板空中翻身及起吊图片

单块安装角度约为 37°，空中翻身后采用钢丝绳两点起吊，吊点分别设置在锚板中部与工字梁中上部处（图 5-9）。锚固板处吊点直接用卡环与传剪器孔相连，工字梁上吊点设置在专用的锁扣夹具上（不破坏结构和表面涂装，图 5-10），此处工字梁钢防护橡胶板现场安装。锚固钢板吊装吊点布置见图 5-42 和图 5-43。为适应各锚固钢板的安装线形，锚固钢板下端另设一根钢丝绳，并配备有 20t 葫芦来调整锚固钢板安装角度。

(5) 锚固板的安装

第一层锚固板的安装定位对后续单元的安装非常重要。在高程控制中，只要第一层锚固板高程偏低，后续锚固板也将持续偏低。第一层锚固板的倾斜度控制也是安装控制的重点，这是因为第一层锚固板的倾斜度不仅直接影响了后续锚固板的倾斜度，还会影响到锚固箱位置的高程，从而改变了主缆拉力的角度。在平面位置控制中第一层锚固板的定位也十分重要（图 5-45）。按以下步骤完成：

①精确测量锚固板的安装平面位置，做好标志、标线。

②在各竖向支点处焊接临时限位和导向装置，以便锚固钢板顺利就位。

③起吊锚固钢板，将第一层锚固钢板搁置在各支点上。

④夜间精确测量各测点的三维位置（见 5. 4 节），根据测量结果微调锚固板。

⑤精确调节完成后，迅速在支架上焊接侧向支撑和其他临时定位装置，完成安装。

南京长江四桥的施工实践表明，由于锚固板自重轻，加之采用了适当的支架系统，第一层锚固板的定位和安装均较为方便。

根据空间叠层定位法的理念，第二层及以上锚固板的安装是工厂预拼的再现(图5-46),只需按照工厂预拼时的标记点精确对位即可,为检验安装精度,在安装中仍然进行了锚固板位置的测量。具体安装步骤为:

图5-45　第一层锚固板安装

图5-46　后续锚固板安装

①在下一层锚板顶口安装侧向限位板,在支架5上安装支撑梁。

②起吊锚板,安装导向工装,并对准上、下层锚固板匹配口,完成横向初步定位,然后调整锚固板位置,使之与预拼时的上、下层锚固板吻合,检查法兰面叠合情况。

③微调锚固板纵向,在上、下层锚板法兰面上打入冲销,完成纵向定位。

④复测锚固板位置,并安装法兰螺栓。

⑤将工字梁搁置在支架5支撑梁上。

⑥在锚板端支架上焊接侧向限位板,或者与已经安装好的锚板之间安装丝杆,同时在支架5上焊接横向支撑,完成安装。

5.4　定位测量与控制

定位与测量是锚固板安装过程中非常重要的技术环节,最终决定了安装的结果。

5.4.1　测量与控制方法概述

(1)坐标系统

锚固板的安装测量采用主桥桥轴坐标系,高程采用1985国家黄海高程系统。平面测量采用瑞士徕卡TCA2003全站仪,精密水准测量采用徕卡NA2 + GPM3精密水准仪(配铟钢尺),一般水准测量采用NA724水准仪。测量控制网如图 5-47 所示。

在施工期间,受锚固系统施工定位架及施工机械的影响,在首级控制点上进行测量时很难实现通视,为此,在沉井周围临时加密控制点,按照《全球定位系统(GPS)测量规范》(GB/T 18314—2001)规定的 B 级 GPS 要求进行观测,并定期按照二等精密导线方法复测平面坐标,按照二等水准要求复测高程,以确保锚固系统定位的空间位置满足相关规范和设计要求。加密点做成强制对中观测墩形式,可以消除对中误差,平面与高程点同墩(观测墩面和联结器均要求精加工制作,制作误差不大于 0.2mm)。

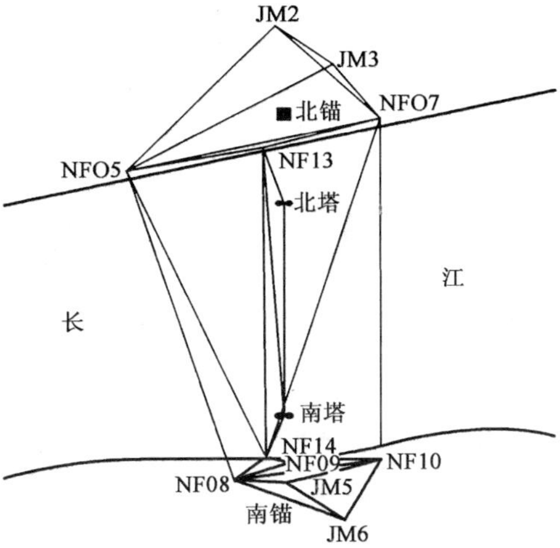

图 5-47　控制网布置图

(2)测量方法及容许误差

测量主要采用 TCA2003 全站仪三维坐标放样法。TCA2003 全站仪三维坐标法是利用仪器的内置功能,首先输入测站点三维坐标,然后照准后视方向,输入确定的后视方位角或后视点坐标,旋转望远镜,照准定位点,利用全站仪的内部电算程序,测设定位点的三维坐标。锚固板具体测量定位方法可概述如下:

①锚固钢板在中铁宝桥加工成型后,即在前锚面和后锚面上做好测量标识,预拼合格后运往施工现场进行安装定位(图 5-48)。

图 5-48　锚固钢板现场定位及所用棱镜照片

②先精确安装并固定支架，在支架斜面上放样出安装的纵横控制轴线。

③吊装锚固钢板，先初步调整到位，然后利用微调系统精确调整到位，再用全站仪（利用全反射棱镜测量，优点是只需要对准测点，不像常规棱镜还必须严格整平）对每块 8 个测点进行检查，反复调整，直到安装精度满足设计要求为止。

由于仪器本身具有自动补偿、自动照准、自动进行大气折光系数改正等功能，其施工测量放样能达到很高的精度。在具体施工中，可对照不同放样视线长度下放样点的点位误差表，选择不同的放样视线长度，满足不同结构物的精度要求。锚固钢板定位精度要求见表 5-6。

锚固钢板施工安装精度　　表 5-6

序号	项目		允许偏差	检查方法
1	锚固钢板	前锚面测量定位点	±3mm	全站仪
2		与竖直及水平面角度偏差	±0.05°	全站仪

需补充说明的是，在确定测量方案的过程中，应事先分析误差来源，按照误差传递规律计算测量的理论误差，并采取有针对性的措施。在锚固结构的定位测量中，误差来源主要包括：

①测量控制网点的误差。

②放样时仪器本身的测量误差。

③标点与立点误差。

④仪器对点误差。

5.4.2 锚固钢板测点布置及理论坐标计算

(1)测点布置

单片锚固钢板共设置 4 排监测点，以前锚面为中心，纵向分别在 0.3m、2.7m断面上，往后分别在 −4.7m，−20.2m 断面上；竖向布置在工字梁中心处以及锚固板底部中心处。B1、B5 锚固板测点布置如图 5-49 和图 5-50 所示，其余锚固板测点布置与此类似。

以图中 0.3m 断面点与 −20.2m 断面点作为锚固钢板安装主控制点，2.7m 断面点与 −4.7m 断面点作为锚固钢板安装辅助控制点。各监测点作用如下：

① −20.2m 断面点：控制各层锚固钢板叠加后的整体位置。

② −4.7m 断面点：控制工字梁侧向旁弯，并辅助校核工字梁的纵向角度。

③0.3m 断面点：控制锚固钢板前锚面位置。

④2.7m 断面点:控制工字梁侧向旁弯,并辅助校核工字梁伸出前锚面之后的角度,此角度关系到索股线形及工字梁受力。

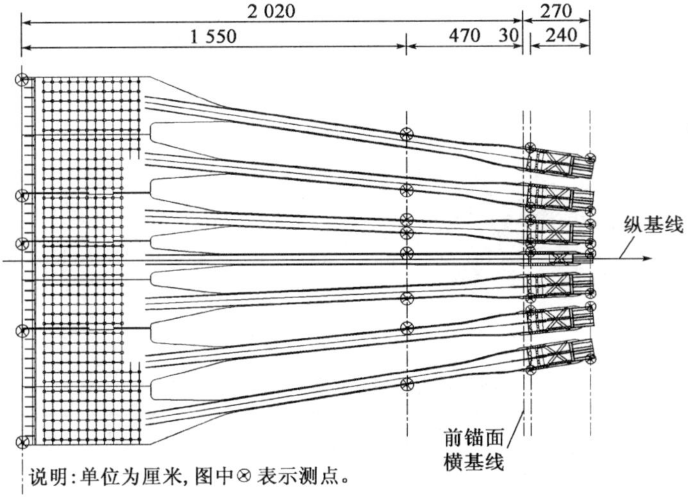

图 5-49　B1 锚固板测点布置

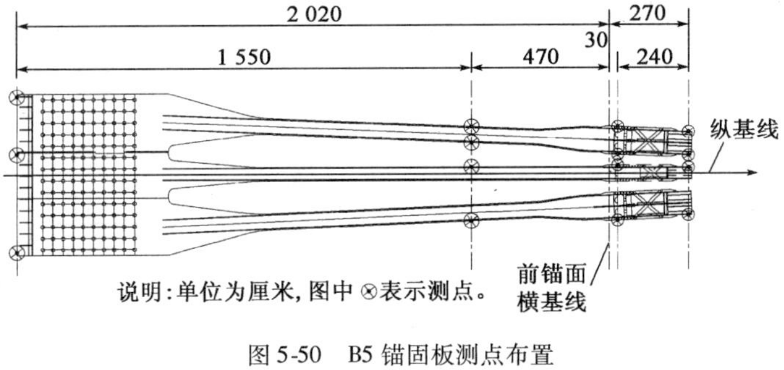

图 5-50　B5 锚固板测点布置

(2)锚固板理论坐标计算

锚固板空间坐标系见图 5-51。图中每块钢板特征位置点 A、B、C、D 为已知点,坐标见表 5-7。

锚固钢板特征点三维坐标的计算步骤是:

①根据 A、D 两点的三维坐标求出该空间直线的向量、向量的模和方向余弦,计算出前锚面 A 点向前或者向后所在断面的中点坐标 $A1$。

②根据后锚面 B 点和 C 点所给三维坐标(X_B、Y_B、Z_B)和(X_C、Y_C、Z_C),计算出向量 $BC\{m、n、p\}$、向量的模和方向余弦,根据平行关系和 $A1$ 点三维坐标,求出这个面上其他特征点三维坐标即可。

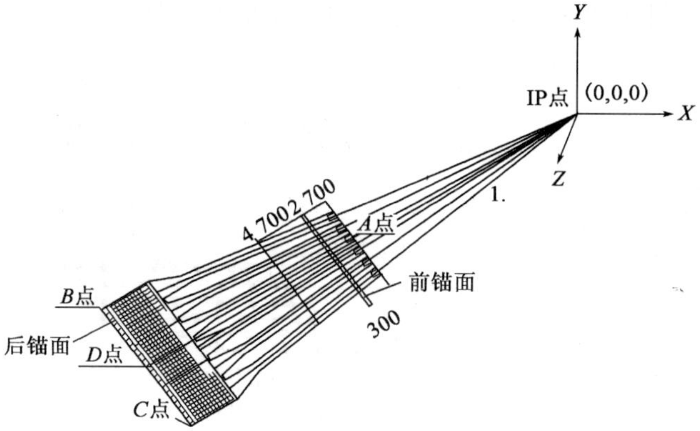

图 5-51　锚固板坐标系(尺寸单位:mm)

锚固钢板特征位置点坐标(m)　　表 5-7

板编号	A 点坐标			B 点坐标		
	X	Y	Z	X	Y	Z
B5L	-20.726	-13.98	-4.3	-38.629	-23.16	-7.301
B4L	-20.726	-13.98	-3.25	-40.052	-21.226	-5.503
B3L	-20.726	-13.98	-2.15	-40.782	-20.27	-3.642
B2L	-20.726	-13.98	-1.05	-41.488	-19.299	-1.785
B1	-20.726	-13.98	0	-41.722	-18.975	0
B2R	-20.726	-13.98	1.05	-41.488	-19.299	1.785
B3R	-20.726	-13.98	2.15	-40.782	-20.27	3.642
B4R	-20.726	-13.98	3.25	-40.052	-21.226	5.503
B5R	-20.726	-13.98	4.3	-38.629	-23.16	7.301

板编号	C 点坐标			D 点坐标		
	X	Y	Z	X	Y	Z
B5L	-35.945	-27.14	-7.301	-37.287	-25.15	-7.301
B4L	-34.684	-29.184	-5.503	-37.368	-25.205	-5.503
B3L	-34.072	-30.219	-3.642	-37.427	-25.245	-3.642
B2L	-33.435	-31.237	-1.785	-37.461	-25.268	-1.785
B1	-33.223	-31.576	0	-37.472	-25.276	0
B2R	-33.435	-31.237	1.785	-37.461	-25.268	1.785
B3R	-34.072	-20.219	3.642	-37.427	-25.245	3.642
B4R	-34.684	-29.184	5.503	-37.368	-25.205	5.503
B5R	-35.945	-27.14	7.301	-37.287	-25.15	7.301

首先根据后锚面 D 点和前锚面 A 点所给三维坐标（X_D、Y_D、Z_D）和（X_A、Y_A、Z_A），计算出向量$\boldsymbol{AD}\{m、n、p\}$，求出：

$$|\boldsymbol{DA}| = \sqrt{(X_A - X_D)^2 + (Y_A - Y_D^2) + (X_A - X_D)^2}$$

$$\cos\alpha = \frac{X_A - X_D}{|\boldsymbol{DA}|},\cos\beta = \frac{Y_A - Y_D}{|\boldsymbol{DA}|},\cos\gamma = \frac{Z_A - Z_D}{|\boldsymbol{DA}|}$$

根据实际分块情况，现以 $B1$ 锚固钢板前锚面向前平移 2.7m 处特征点坐标计算为例来说明其计算过程。

该面的中心 $A1$ 点坐标为：

$$X_{A1} = X_D + \cos\alpha \times (20.2 + 2.7)$$

$$Y_{A1} = Y_D + \cos\beta \times (20.2 + 2.7)$$

$$Z_{A1} = Z_D + \cos\gamma \times (20.2 + 2.7)$$

$B1$ 锚面向前平移 2.7m 处特征点坐标见表 5-8，其余断面上所有点的三维坐标计算方法同上。实际应用中将其转换为控制网桥轴坐标系即可。

$B1$ 前锚面向前 2.7m 断面坐标（m）　　表 5-8

	点　号	距纵基线距离	坐标 X	坐标 Y	坐标 Z
$B1$ 板前锚面向前 2.7m	1 号	4.136 0	−20.800 1	−9.041 0	0.000 0
	2 号	1.968 0	−19.587 8	−10.838 4	0.000 0
	3 号	1.434 0	−19.289 2	−11.281 1	0.000 0
	4 号	0.622 0	−18.835 2	−11.954 3	0.000 0
	5 号	0.207 0	−18.603 1	−12.298 3	0.000 0
	6 号	−1.441 0	−17.681 6	−13.664 6	0.000 0
	7 号	−1.970 0	−17.385 8	−14.103 2	0.000 0
	8 号	−4.133 0	−16.176 3	−15.896 4	0.000 0

5.4.3　底层锚固板的定位与测量

各层锚固钢板在板端通过螺栓连接，锚固钢板的板端位置受底层锚固板位置制约，因此对底层锚固钢板安装精度有较高要求。0.3m 断面点与 −20.2m 断面点作为锚固钢板安装主控制点，各测点空间坐标值偏差均要求控制在 ±3mm 以内。

第一层锚固钢竖向板支撑点共 4 处，分别位于支架 1、支架 2、支架 3、支架 4 上；侧向支撑点共两处，板端均位于支架 5 上，梁端位于支架 1 或已经安装好的板上。支架 1 与支架 2 与板端接触，支架 3 与支架 4 与锚固板连接支架支腿相连。板端各支撑点处(或调节点处)均设置尺寸为0.3m×0.3m的钢牛腿,对支撑点处钢板进行加强,牛腿与锚固钢板焊接(图5-52和图5-53)。

图5-52 板端支点牛腿布置

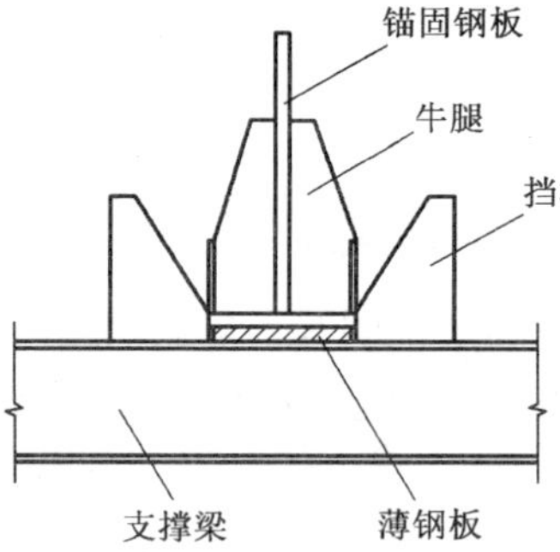

图5-53 支撑点处限位板构造

锚固钢板安装同时进行初定位,然后进行精确调整。支架安装时,支撑梁与锚固板接触面预留5cm空隙,支架安装完后,在支架1、支架2、支架4支撑梁上放样出各支点的平面位置,测量出各支点的实际高程值,在竖向支点上用20mm、10mm、5mm、2mm、1mm、0.5mm及0.2mm钢板叠合,将各支点垫至理论高程,同时焊接侧向限位。为减少支撑点,便于锚固钢板调整,支架3暂不设置支点,在锚固板调整完毕后与连接支架焊接。锚固钢板安装定位图如图5-54所示。

图5-54 锚固钢板安装定位图

*B*1、*B*2锚固钢板的板端侧向支撑在支架1顶部,当锚固钢板坐落在竖向支点上后,用吊车调整板端侧向位置,在支架1顶部支撑梁上焊接限位板,进行粗定位。锚固钢板粗定位后,板端各测点偏差均可控制在1cm以内,之后即可进行精确定位。

精确定位时,锚固钢板位置调整采用手动千斤顶进行(图5-55),利用支架1底部支撑梁或丝杆作为反力支撑调整板端顶部侧向偏位;利用支架5作为反力支撑调整梁端顶部侧向偏位;利用支架1及支架2各竖向支点处支撑梁作为反力支撑调整板端平面位置；在梁端底口利用设置在支架5上的横梁作为支撑调整梁端平面位置。为使锚固钢板能在支点处滑移，各支撑点薄钢板中间夹带两块2mm厚的白铁皮，并在白铁皮中间抹上黄油。

图5-55　锚固钢板位置调整

因锚固钢板安装精度要求较高，精确调整由测量人员配合，为消除日照温差的影响，调整工作在夜间进行。锚固钢板的板端支撑点布置较密集，需先进行板端定位，后进行梁端定位，各控制点空间位置调整顺序如下：先初步调整锚固钢板倾角，然后调整锚固钢板底部东西方向平面位置，再调整垂直于轴线方向的高程，再后调整平行于轴线方向的高程，最后精确调整倾角。

锚固钢板结构特殊，且为空间布局，需要进行多次调整后方可满足设计精度要求，所有在调整过程中需多次改变支撑点的位置，每次测量需在锚固钢板临时支撑牢固后进行，为此，通过增加或者减少薄钢板的数量来实现竖向支撑点精度控制目的，板端测量出偏位后，通过丝杆来控制偏差（图5-56）。

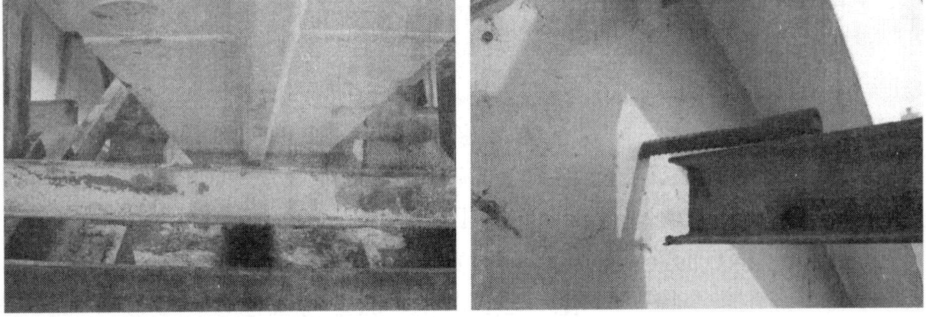

图5-56　锚固钢板丝杆调整

锚固钢板精确定位并达到设计要求后，在各支架支点处焊接限位板，初步固定，于第二天早上复核控制点坐标，若满足设计要求，将支架3和支架4与梁端连接支架焊接固定,将支架 1 和支架 2 与板端支撑钢牛腿支架焊接固定。用钢板将板端顶口限位,用型钢固定梁端。因板端刚度较弱,通过丝杆连接临时各锚固钢板的板端,板中将连接支架用角钢横向连接成整体,形成整体刚度。

受相邻锚固板的影响,叠加层锚固钢板的梁端只能监测到 2.7m 断面测点、0.3m 及 -4.7m 断面的上方测点。2.7m 断面测点及 0.3m 断面的上方测点均为主控制点。在前锚面位置处,通过在顶、底两工字梁之间拉线来校核侧向倾角。

5.4.4 安装定位测量成果及分析

南京长江四桥南、北锚碇锚固结构均采用上述方法安装、调整,每一次安装均进行了测量和控制,总体符合设计的安装精度要求。由于测量数据众多,这里选南锚碇 5 个锚固板单元测量数据进行分析,具体数据见表 5-9。

锚固钢板监测成果数据表(mm)　　表 5-9

部位		下游外侧 B2-1			下游外侧 B2-2			下游外侧 B2-3			上游内侧 B4-1			上游内侧 B4-2		
监测点		*X*	*Y*	*Z*	*X*	*Y*	*Z*	*X*	*Y*	*Z*	*X*	*Y*	*Z*	*X*	*Y*	*Z*
2.7m 断面	顶	-2	5	1	-6	12	-5	-9	5	-10	-6	-5	4	-6	4	4
	底	0	5	-6	2	7	-6	-5	-3	-14	0	4	-5	-8	-3	-4
0.3m 断面	顶	-1	-5	0	-1	-4	-1	-7	-5	-5	-4	0	4	-10	4	1
	底	1	3	-1	—	-5	—	—	-3	—	-2	0	-2	—	2	—
-4.7m 断面	顶	1	-6	6	0	-14	6	2	-8	-2	-1	10	-5	-5	10	5
-20.2m 断面	顶	1	3	0	4	2	-2	4	4	5	-2	0	3	-6	0	7
	底	4	1	-2	—	—	—	—	—	—	4	2	1	—	—	—

注:表中数据为各测点实测数据与理论数据偏差值,其中 *X* 表示桥轴线方向(背桥向为正),"*Y*"表示横桥向(桥上游为正),*Z* 表示高程方向(向上为正)。B2-1 表示底层锚固钢板。

从表中数据可看出:

①B2、B4 板第一层主控制点(0.3 断面及 -20.2 断面)数据偏差均不大于 ±5mm,辅助控制点(2.7 断面及 -4.7 断面)数据"*Y*"偏差稍大。各控制点数据说明锚固钢板安装精度比较高,满足设计要求。

②叠加层锚固钢板主控制点(0.3m 断面及 -20.2m 断面)数据中 *X*、*Z* 值偏差变大,其中板端测点的 *X*、*Z* 值因锚固钢板在板端叠加后产生累积误差,现场安装时是不可消除的。同时,因匹配契口的存在,梁端测点的 *X* 值偏差在 *Z* 值偏差满足精度要求下也是不可消除的。从主控点数据反映锚固钢板与竖直及水平面角度偏差不大于 ±0.05°,满足设计要求。主控制点"*Y*"值偏差均不大于

±5mm,满足设计要求。

③观察各断面的 Z 值,锚固钢板梁端有下挠的趋势,主要因锚固钢板梁端支撑点设置在 -4.7 ~ 0.3m 断面之间,而端部锚箱自重较大,使得锚固梁端部下挠。

④各测点偏差值不成规律,如同一个断面上的 Z 值出现一正一负现象,说明锚固钢板在工厂预拼过程时,布置测点或测量存在一定随机误差,这是正常现象。

本章参考文献

[1] 分布传力锚固系统设计施工关键技术研究(第三册　施工关键技术)[R].南京:2011.

[2] 中交二航局南京长江四桥项目部.南京长江第四大桥南锚施工技术总结[R].南京:2011.

[3] 中交二工局南京长江四桥项目部.南京长江第四大桥北锚施工技术总结[R].南京:2011.

[4] 刘怀林,等.汕头海湾悬索桥锚碇工程施工[J].桥梁建设,1996(4).

[5] 牛和恩.虎门大桥工程[M].北京:人民交通出版社,1998.

[6] 美国维拉扎诺悬索桥锚碇的设计与施工[J].王锋君,译.国外桥梁,2000(4).

第6章　锚体及钢筋混凝土榫传剪器施工

钢筋混凝土榫是锚固系统的关键受力部位,传剪器芯棒钢筋与钢板孔洞之间的相对关系对传剪器性能有较大影响,因此对芯棒钢筋的绑扎及混凝土的浇筑工艺与质量要求较高,加之锚固区钢筋布置复杂,是施工中需要解决的特殊问题。

总体来说,传剪器施工可分为芯棒钢筋定位与绑扎和传剪器混凝土施工两个部分。为确保传剪器孔内混凝土浇筑密实,传剪器混凝土的施工应从配合比入手。此外,南京长江四桥锚碇锚体与地连墙基础顶板成为一体,锚体混凝土方量约 56 512m^3,体积庞大,在确定施工方案尤其是温度控制方案时,应综合考虑温度控制和传剪器构造及受力性能的要求。

6.1　配合比及施工工艺基本要求

分布传力锚固系统锚碇混凝土配合比的特殊性在于,传剪器是与锚体同时施工的,二者为同一配合比,为确保传剪器孔内混凝土浇筑密实,混凝土的施工流动性必须要好。同时锚碇混凝土是大体积混凝土,为降低混凝土温度收缩,控制混凝土温度裂缝,水化热需较小。换言之,锚体混凝土需同时满足水化热低、收缩小、放热缓、强度适中、流动性好的要求。

由于对混凝土的配合比要求有一定特殊性,在南京长江四桥的施工中,委托中国建筑材料研究院对混凝土配合比进行了专门研究,重点从材料组成方面探讨了影响混凝土性能的因素,主要包括:集料比例变化、水泥品种、辅助胶凝材料品种和细度级配、外加剂品种等,根据试验研究结果,提出指导配合比和施工技术措施,并编制了《南京长江第四大桥主缆锚固区及索塔混凝土施工指南》(下称《指南》)。对研究过程这里不再赘述,详见参考文献[1]。现将《指南》中对锚体混凝土的主要要求简介如下。

6.1.1　原材料

对于水泥,要求除符合现行国家标准 GB175、GB200 标准外,水泥的比表面积应小于350m^2/kg,当集料具有碱—硅酸盐反应活性时,水泥的碱含量不应超过0.60%。宜优先选用中热硅酸盐水泥。

对于粉煤灰，除应符合现行国家标准《用于水泥和混凝土中的粉煤灰》(GB/T 1596—2005)的规定，还明确规定不得使用高钙粉煤灰，粉煤灰的烧失量指标对于锚碇系统混凝土不应大于3%。

对于外加剂，《指南》的规定较为详细，明确规定减水剂的减水率不应小于20%，收缩率比不应大于100%，含气量不应大于3.0%，且应优先选用羧酸系减水剂。采用复合型缓凝减水剂时，减水率不应小于20%，收缩率比不应大于100%，含气量不应大于5.5%，其他技术指标符合现行国家标准《混凝土外加剂》(GB 8076—2008)的技术要求。

对于细集料，《指南》要求应优选吸水率低、空隙率小的洁净天然中粗河砂，也可以选用符合要求的人工砂。细集料的细度模数应在2.6~3.1之间，含泥量应小于2%，并应符合国家标准《建筑用砂》(GB/T 14684—2011)的要求。

6.1.2　配合比

对于配合比，《指南》规定：配合比设计应按现行国家行业标准《普通混凝土配合比设计规程》JGJ 55进行，但应充分考虑降低混凝土水化热引起的温升。主缆锚固区的配合比设计应符合表6-1的要求。后浇带应采用补偿收缩混凝土，限制膨胀率应大于0.025%，同时应小于0.060%。

主缆锚固区及索塔配合比设计指标　　表6-1

序号	项　目	混凝土强度等级			
		C30	C30W12	C35	C35W12
1	最大胶凝材料用量，kg/m^3	400	400	420	420
2	最小胶凝材料用量，kg/m^3	300			
3	最大水胶比	0.5	0.5	0.5	0.5
4	单方最大用水量，kg/m^3	180			
5	含气量，%	3.5~4.5	3.0~4.0	3.5~4.5	3.0~4.0
6	限制膨胀率，%	—	0.015~0.030	—	0.015~0.025
7	适宜的掺合料品种	Ⅱ级粉煤灰、S95级矿渣粉			
8	最大掺合料掺量，%	在PI型硅酸盐水泥中，单掺矿渣粉为60%； 单掺粉煤灰为40%； 两者混掺为55%，且粉煤灰掺量不得大于30%； C55混凝土中，粉煤灰最大掺量为25%； 普通硅酸盐水泥中的混合材料含量应按相应成分计入掺合料掺量中			

续上表

序号	项目	混凝土强度等级			
		C30	C30W12	C35	C35W12
9	凝结时间	标准条件下，初凝时间不小于18h，且不大于48h			
10	混凝土氯离子总含量，%	一般混凝土氯离子总含量≤0.10B，预应力混凝土氯离子总含量≤0.06B，（B为胶凝材料用量）			
11	混凝土总碱含量，kg/m^3	≤3.0（当集料砂浆棒膨胀率在0.10%～0.20%时，采用快速法）			
12	抗碱—集料反应性	采用非活性集料（当集料砂浆棒膨胀率在0.10%～0.20%时，应采取抑制措施，如快速法）			
13	抗裂性	应通过对比试验选择抗裂性相对较好的配合比			
14	半绝热温升	应通过对比试验选择温升相对较低的配合比			

注：限于篇幅，对塔柱混凝土配合比的要求未在表中示出。

6.1.3 温度控制指标

对温度控制指标，根据中国建筑材料研究院的研究成果，《指南》做了相当详细的规定，涉及入模温度、混凝土中心温度、内表温差等主要指标。《指南》要求：混凝土的入模温度冬季施工不宜低于5℃，炎热天气不宜超过25℃；任何部位的混凝土中心温升峰值不应超过60℃；养护期间混凝土的芯部与表层、表层与环境之间的温差不宜超过20℃，截面较为复杂时，不宜超过15℃；混凝土浇筑体的降温速率不宜超过2.0℃/d；采用冰水或冷水拌制混凝土，水温宜控制在10℃以内；采用内部循环冷水降温措施时，应随时监控循环水的温度，循环水的温度比混凝土的温度宜低10℃左右；淋注于混凝土表面的养护水温度低于混凝土表面温度时，二者温差不得大于15℃。

6.1.4 混凝土浇筑工艺

根据研究成果，《指南》推荐了两种混凝土浇筑工艺，即分层连续浇筑和分层间歇浇筑，一次连续浇筑的混凝土厚度以混凝土中心温升峰值不超过60℃时，通过计算或足尺模型试验确定，不得随意留施工缝。分层连续浇筑层间的间隔时间应尽量缩短，必须在前层混凝土初凝之前，将其次层混凝土浇筑完毕。层间最长的时间间隔应不大于混凝土的初凝时间。混凝土的初凝时间应通过现场试验确定。当层间间隔时间超过混凝土的初凝时间时,层面应按施工缝处理。此外还对施工缝的处理等做了详细规定,详见参考文献[2]。

6.1.5 混凝土的养护

《指南》明确推荐,锚碇混凝土主缆锚固区及索塔宜采取保温、保湿养护方法,并应根据温控要求确定养护措施,对湿养护时间的要求也做了详细规定(表6-2)。

主缆锚固区及索塔混凝土湿养护最低期限 表6-2

混凝土类型	水胶比	大气潮湿($RH \geq 50\%$),无风,无阳光直射		大气干燥($RH < 50\%$),有风,或阳光直射	
		日平均气温 T (℃)	保湿养护期限 (d)	日平均气温 T (℃)	保湿养护期限 (d)
胶凝材料中掺有矿物掺合料	≥0.45	$5 \leq T < 10$	21	$5 \leq T < 10$	28
		$10 \leq T < 20$	14	$10 \leq T < 20$	21
		$T \geq 20$	10	$T \geq 20$	14
	<0.45	$5 \leq T < 10$	14	$5 \leq T < 10$	21
		$10 \leq T < 20$	10	$10 \leq T < 20$	14
		$T \geq 20$	7	$T \geq 20$	10
胶凝材料中未掺矿物掺合料	≥0.45	$5 \leq T < 10$	14	$5 \leq T < 10$	21
		$10 \leq T < 20$	10	$10 \leq T < 20$	14
		$T \geq 20$	7	$T \geq 20$	10
	<0.45	$5 \leq T < 10$	10	$5 \leq T < 10$	14
		$10 \leq T < 20$	7	$10 \leq T < 20$	10
		$T \geq 20$	7	$T \geq 20$	7

此外《指南》中对混凝土的制备、模板工程、特殊温度条件下的技术措施及要求均有明确规定,这里不再一一述及,详见参考文献[2]。

6.2 锚体混凝土配合比设计

锚体混凝土配合比设计主要包括原材料选择和配合比确定两个方面。

6.2.1 原材料的选择

原材料的选择应综合考虑控制水化热和混凝土的流动性，选择的重点是水泥、外加剂、矿物掺合料、外加剂和粗集料，前三者对混凝土的水化热峰值和放热时间有重要影响，后者则直接决定了粗集料是否进入传剪器孔内。

南京周边地区水泥厂众多，为选择符合南京长江四桥锚体混凝土性能的水泥，从水泥性能指标及品质稳定性、水泥水化热、与混凝土外加剂匹配性等方面进行选择比较，并根据锚体混凝土胶材用量大、混凝土水化热高的特点，重点对水泥的水化热进行了比选试验。最终选定与外加剂相容适应性好、水泥水化热相对比较低、水化放热过程比较缓的海螺南京中国水泥厂有限公司生产的P. O42.5级低碱水泥；矿物掺合料选择活性指数最好的马钢嘉华新型建材有限公司S95矿渣粉，以降低混凝土的水化热并提高混凝土的综合性能，其主要技术指标为：密度2.88g/cm^3，比表面积404m^2/kg；粉煤灰选用性能稳定的江苏华源新型材料有限公司（镇江谏壁电厂）生产的苏源I级F类粉煤灰；细集料选用长期使用的江西赣江生产的中粗砂，该砂颗粒质地坚硬，为II区中砂；粗集料选用安徽和县振海众旺建材厂生产的石灰岩质5~25mm连续级配碎石，以保证粗集料顺利进入传剪器孔内；外加剂选用上海华登建材有限公司生产的聚羧酸类HP400R泵送剂。

6.2.2 混凝土配合比

根据南京长江四桥锚体工程的特点及《指南》的相关技术要求，混凝土配合比设计时从水胶（灰）比、抗压强度、水化热、施工性能、收缩、抗裂性能等方面进行。根据以往的混凝土收缩试验数据，水胶比低于0.40时，混凝土自收缩随水胶比减小而增大；水胶比大于0.50时，混凝土的塑性收缩随水胶比增大而增大，设计优先选择水胶比0.45进行设计，以尽可能减少混凝土收缩试验量。上海长江隧桥B5标工程混凝土收缩试验研究表明，混凝土的砂率大于40%以后，收缩随砂率的增大而急速变大，因此对砂率也进行了控制。

共进行了12组配合比试验，同时进行了半绝热升温试验，试验结果（表6-3、表6-4）表明，第11组配合比半绝热升温水化热最小，同时，其28d立方体强度为39.1MPa，劈裂抗拉强度为3.37MPa，弹性模量为3.41×10^4MPa，坍落度为140~200mm，干缩值为2.87×10^{-4}（60d），初凝时间为1 840min，终凝时间为2 480min。强度、流动性、收缩值均符合锚碇混凝土的需要，以该组配合比作为南京长江四桥锚体混凝土的配合比。

配合比试验材料表 表 6-3

序号	材料						
	水泥	粉煤灰	矿粉	砂	碎石	水	外加剂
1	P. O42.5	I级	—	赣江中砂	5～31.5	井水	HP400R 10h
2	P. O42.5	I级	—	赣江中砂	5～31.5	井水	HP400R 10h
3	P. O42.5	I级	—	赣江中砂	5～31.5	井水	HP400R 10h
4	P. MH42.5	I级	—	赣江中砂	5～31.5	井水	HP400R 10h
5	P. MH42.5	I级	—	赣江中砂	5～31.5	井水	HP400R 10h
6	P. MH42.5	I级	—	赣江中砂	5～31.5	井水	HP400R 10h
7	P. O42.5	I级	马钢 S95	赣江中砂	5～31.5	井水	HP400R 10h
8	P. O42.5	I级	马钢 S95	赣江中砂	5～31.5	井水	HP400R 10h
9	P. O42.5	I级	马钢 S95	赣江中砂	5～31.5	井水	HP400R 10h
10	P. O42.5	I级	—	赣江中砂	5～31.5	井水	HP400R 40h
11	P. O42.5	I级	马钢 S95	赣江中砂	5～31.5	井水	HP400R 40h
12	P. MH42.5	I级	—	赣江中砂	5～31.5	井水	HP400R 40h

配合比水化热试验结果数据表 表 6-4

序号	配合比	水胶比	半绝热温升	恒温室
	C∶K∶F∶S∶G∶W∶外		温度(℃)	温度(℃)
1	235∶0∶100∶783∶1081∶151∶1.34	0.45	17	18～20
2	235∶0∶100∶780∶1078∶157∶1.34	0.47	15.9	18～20
3	235∶0∶100∶777∶1074∶164∶1.34	0.49	14.8	18～20
4	235∶0∶100∶783∶1081∶151∶1.34	0.45	13.7	18～20
5	235∶0∶100∶780∶1078∶157∶1.34	0.47	12	18～20
6	235∶0∶100∶777∶1074∶164∶1.34	0.49	12.4	18～20
7	168∶67∶100∶783∶1081∶151∶1.34	0.45	11	18～20
8	168∶67∶100∶780∶1078∶157∶1.34	0.47	11.2	18～20
9	168∶67∶100∶777∶1074∶164∶1.34	0.49	11.1	18～20
10	235∶0∶100∶783∶1081∶151∶1.34	0.45	14.4	18～20
11	168∶67∶100∶783∶1081∶151∶1.34	0.45	10	18～20
12	235∶0∶100∶783∶1081∶151∶1.34	0.45	10.9	18～20

6.3 钢筋混凝土榫传剪器施工

6.3.1 钢筋施工

芯棒钢筋的施工包括钢筋精确定位和固定两个方面，前者确保了芯棒钢筋与传剪器孔相对位置的准确，后者则是为了避免混凝土施工中芯棒钢筋出现位移。

钢筋混凝土榫传剪器芯棒钢筋的定位精度直接影响其工作性能，为确保芯棒钢筋居于钢板开孔中心，设计了芯棒钢筋定位桁架，定位桁架由 40mm × 40mm × 4mm 和 75mm × 75mm × 8mm 角钢组成网片。

芯棒钢筋定位桁架分片与锚固钢板分片相对应，定位桁架安装在各锚固钢板两侧，桁架与锚固钢板之间通过螺栓连接，各桁架在工厂与锚固钢板进行预拼，检验其制造精度。定位桁架在锚固钢板吊装初定位之后、精确定位之前进行安装。桁架工厂预拼见图 6-1，定位桁架桥位安装见图 6-2。

图 6-1 桁架工厂预拼

图 6-2 定位桁架桥位安装

B1 ~ B4 锚固板后部布置 12 排 0.35m（索股方向）× 0.4m（高度方向）间距钢筋混凝土榫剪力连接键。前两排仅在锚固板两侧布置，钢筋直径为 16mm，钢板开孔 45mm，后 10 排钢筋直径 20mm，钢板开孔 60mm。B5 锚固板后部布置 10 排 0.35m（索股方向）× 0.4m（高度方向）间距钢筋混凝土榫剪力连接键，钢筋直径 20mm，钢板开孔 60mm。榫区其他钢筋直径均为 25mm。

锚体①号块施工时预埋锚固系统钢筋，预埋钢筋不伸入锚固钢板，待锚固钢板安装完后用直螺纹接头相连。

钢筋绑扎时先通过桁架定位芯棒钢筋（图 6-3、图 6-4），使芯棒钢筋定位在锚固钢板开孔中心，然后绑扎其他钢筋，芯棒钢筋偏位应小于3mm。其他构造钢筋均不深入下一层锚固钢板，待下一层锚固钢板安装完后用直螺纹接头相连。

图6-3　芯棒钢筋定位

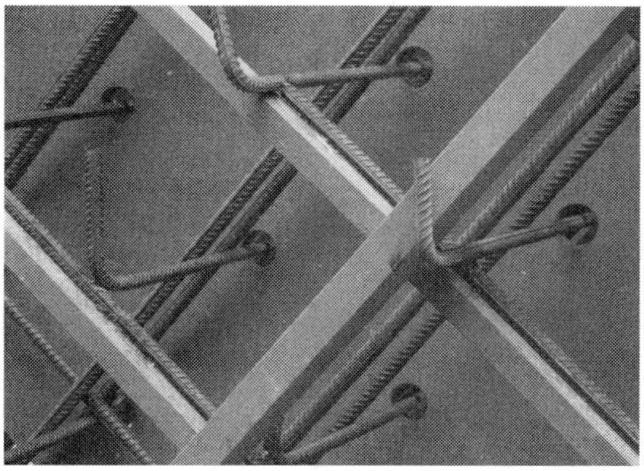

图6-4　芯棒钢筋精确定位

当其他钢筋与芯棒钢筋位置存在冲突时，优先考虑芯棒钢筋位置。芯棒钢筋与桁架及其他交错钢筋间点焊固定，由于定位桁架位置准确，刚度较大，计算表明，混凝土对桁架的扰动很小。以定位桁架固定芯棒钢筋位置，再加上锚固板两侧钢筋网片的固定，确保了钢筋位置准确、牢固，防止混凝土振捣施工时出现位移。

6.3.2　混凝土施工——单侧、分层浇筑工艺

锚体采用C30混凝土，基于确保芯棒钢筋和锚固钢板ϕ60mm的孔洞形成的钢筋混凝土榫传剪器的质量，锚固区混凝土采取单侧、分层浇筑的特殊施工工艺，并采用特殊级配，即：锚固区混凝土粗集料选用5～16级配，锚固区以外混凝土粗集料选用5～25级配。

单侧浇筑是指在锚固板一侧浇筑，分层是指布料时严格控制一次布料厚度，具体如图6-5所示。即先在锚固板的一侧浇筑一层厚度35～40cm混凝土（图中①），然后在另一侧再浇筑35～40cm，并继续浇筑至超过①35～40cm（图中②），然后再在①之上浇筑③，如此循环往复直至本次混凝土浇筑完成。

采用这样浇筑工艺是由锚固结构的特点所决定的。单侧浇筑可使混凝土从传剪器孔中流过，也便于观察粗集料是否入孔，再配合振捣，就保证了传剪器孔内混凝土的密实。但是，锚固板侧向刚度低，若一次浇筑高度过高，锚固板可能产生侧弯，计算表明35～40cm后的混凝土对钢板的侧向压强仅10kPa左右，钢板变形微乎其微，同时35～40cm约为传剪孔中心距，因此一次浇筑35～40cm高，既保证混凝土进入传剪器孔，也避免了钢板的侧弯。

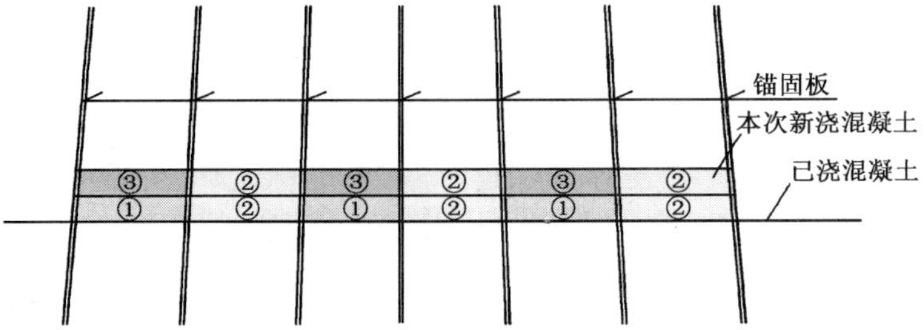

图 6-5　单侧分层浇筑示意(图中 1、2、3 表示浇筑顺序)

具体施工时,采用分区作业的方式,将中心处锚固钢板向两侧依次分为 A ~ F 共 10 个区域(图 6-6),根据不同的分层,混凝土浇注一次取 A ~ F 中相应区域,混凝土布料按照 A ~ F 的顺序分层浇注(图 6-7)。浇筑中注意控制每一次布料的厚度,既保证粗集料能流入传剪器孔内,又保证锚固板不承受较大的侧压力。

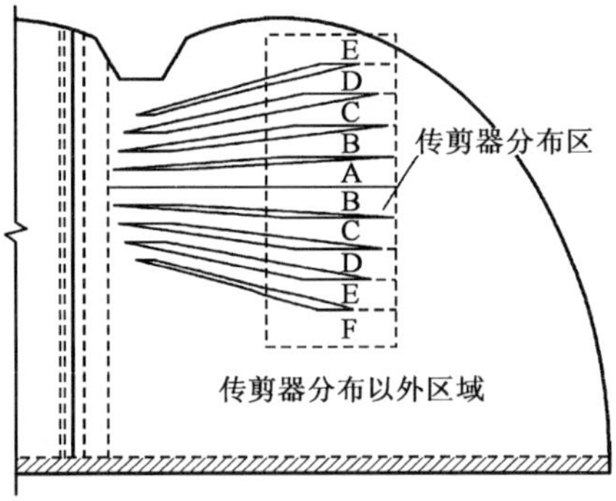

图 6-6　锚固区混凝土分区布料

图 6-7　锚固区混凝土浇注

对于处于分层界面上下方 15cm 以内的芯棒钢筋,包裹土工布进行保护处理,以防水泥浆污染传剪器孔,影响传剪器质量。混凝土浇注完后对传剪器孔进行清理。将孔洞封堵确保传剪器孔清洁(图6-8)。

图 6-8　孔洞封堵确保传剪器孔清洁

锚固区混凝土采用布料杆布料(图 6-7),为避免布料杆挪动过程中对锚固钢板产生污染,布料杆软管端头设置封闭阀门。每层布料厚度控制在 20 ~ 30cm,相隔仓面混凝土高差控制在 35 ~ 40cm,通过振捣让混凝土流动,使传剪器内混凝土密实、并将混凝土气泡顺利排出。

浇筑中需注意的是,混凝土流过传剪器孔后,粗集料可能集结在孔口,但细集料及浆体很快流失。因此,当在钢板另一侧布料时,需采用30型振捣泵振捣密实,每个传剪器孔附近都必须振捣(图6-9、图6-10)。

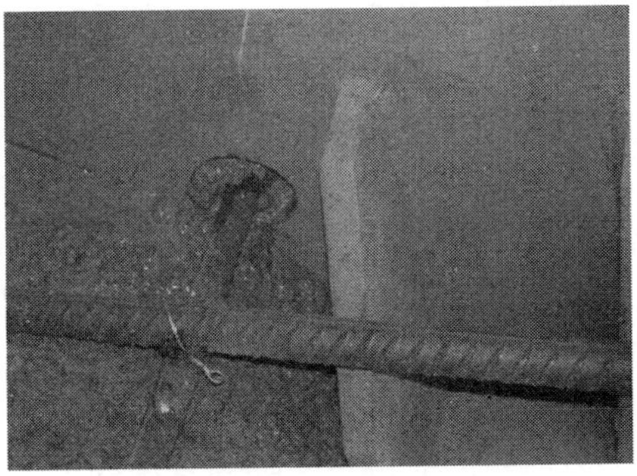

图6-9　混凝土粗集料进入传剪器孔

图6-10　传剪器孔混凝土振捣

因锚固区混凝土浇筑速度较慢,上一层混凝土布料前,下层混凝土先进行一次振捣,确保分层面有效结合。

6.4　锚体大体积混凝土温度控制

6.4.1　温度控制总体方案

大体积混凝土温度控制的关键在于控制混凝土内部最高温度、内外温差及降温速率,以及通过合理的分层来避免结构应力集中。为降低混凝土温度收缩,控制混凝土温度裂缝,《指南》要求夏季混凝土浇筑温度不宜超过25℃。南京地区年平均气温15.5℃,极端最高气温43.0℃,7、8月份平均最高气温高达32℃,在桥梁工程缺乏大型风冷设备的条件下,实现该要求的技术难度较高。

混凝土温度控制的原则是:①尽量降低混凝土温升,延缓最高温度出现时间;②控制降温速率;③降低混凝土内部和表面之间的温差以及控制混凝土表面和气温的温差。温度控制的具体实施办法需根据气温、混凝土内部温度场、结构尺寸、约束情况和混凝土配合比等具体条件制定。

众所周知,水泥与水发生水化反应时将释放大量的热量,这是影响混凝土施工期温度的内在原因。水泥水化热的大小、水化热温峰的高低及温峰出现时间的长短,直接影响混凝土的工程质量,特别是影响大体积混凝土的温度应力及温度裂缝的控制难易程度。大量研究表明，不同的混凝土配合比，混凝土的水化热有较大差别，尤其是添加适当的外加剂和矿物掺合料可有效减小水化热峰值，延缓放热过程。优化混凝土配合比是控制施工期混凝土温度的直接手段。这一问题在6.2节中已解决。

降低混凝土的浇筑温度对控制混凝土施工期温度非常重要。入模温度高的混凝土施工期温度峰值要比入模温度低的高许多，混凝土的浇筑温度主要由水泥、粉煤灰、砂、石、水等原料的温度决定，采取适当的措施降低原材料温度，是控制混凝土浇筑温度的重要手段。

环境温度是影响施工期混凝土温度控制的重要因素。外界温度较低，虽然有利于水化热的释放，但会导致混凝土内外温差过大，从而产生温度应力，诱发温度裂缝；外界温度过高，混凝土内部温度不易散发，同样会带来温度应力问题，同时若高温持续过长还会影响混凝土强度发展，形成延迟钙矾石等问题。然而，环境温度受区域气候和工期的影响，难以人为控制。但可结合锚固系统的构造特点，确定合理的分层厚度，减小一次浇筑混凝土的体积，扩大散热面，改善散热条件，从而达到控制混凝土施工期温度的目的。

在混凝土中布置冷却管，施工中通过冷却水可直接带走水化热，大量的施工实践表明，这也是控制混凝土施工期温度的有效措施。

根据以上分析，在南京长江四桥锚固系统的施工中，采用优化混凝土配合比，控制浇筑温度，合理划分施工层，冷却管散热的综合温度控制方法。

6.4.2 锚体混凝土的分层

锚碇混凝土的浇筑分层应适应传剪器混凝土施工的需要，这是新型锚固系统锚碇混凝土施工的一个特点。根据以往施工经验，结合传剪器混凝土的施工要求，半幅锚碇大体积混凝土分5个块体，每个单元根据厚度及体积的不同，分为多次浇注，所有半幅锚碇混凝土分24次浇筑完成，各次浇筑的层高和体积见表6-5～表6-7。按1～5号块、散索鞍支墩的顺序，由下至上施工。具体分层如图5.3.10所示。

1～3号块浇筑高度及体积 表6-5

编号	1号块	2号块		3号块			
		第1层	第2层	第1层	第2层	第3层	第4层
浇筑高度(m)	2.3	2.25	2.25	3	1.5	2.5	2
浇筑体积(m^3)	5 600	842	937	2534	1336	1917	1226

4 号块浇筑高度及体积　　表 6-6

编号	第 1 层	第 2 层	第 3 层	第 4 层	第 5 层	第 6 层	第 7 层	第 8 层
浇筑高度(m)	1.5	1.5	1.5	1.5	1.5	2	2	2
浇筑体积(m^3)	1 015	1 015	1 015	897	962	1 035	1 332	1 614

5 号块浇筑高度及体积　　表 6-7

编号	第 1 层	第 2 层	第 3 层	第 4 层	第 5 层	第 6 层	第 7 层
浇筑高度(m)	1	1.2	2	2	2	2	2.54
浇筑体积(m^3)	728	680	1 221	991	764	544	404

6.4.3 温度控制方案的计算验证

上述分层带有较强的经验性，是否合理需通过理论计算进行验证。为此，根据初步分层进行了有限元分析。

(1)计算参数及有限元模型

根据配合比试验结果，结合以往施工经验，混凝土物理参数和导热参数取值见表 6-8，不同龄期锚体混凝土的劈裂抗拉强度见表 6-9，各块体的约束条件、施工时间、环境条件、浇筑温度见表 6-10，其中环境温度根据浇筑时间和南京地区历年气象资料确定。各块体有限元模型如图 6-11 ~ 图 6-15 所示。风速按照不低于南京地区平均风速的两倍考虑，取 6m/s，混凝土导热系数估算为 254.4kJ/(m · d · ℃)。

混凝土物理、热性能参数经验值　　表 6-8

混凝土强度等级	弹性模量(MPa)	热胀系数(1/℃)	比热[kJ/(kg · ℃)]	绝热温升(℃)
C30	3.8×10^4	8.0×10^{-6}	1.0	35.0

混凝土劈裂抗拉强度参考值(MPa)　　表 6-9

混凝土强度等级	3d	7d	28d	半　年
C30	1.1	1.9	2.8	3.2

各浇筑块体温控计算参数　　表 6-10

块体编号	浇筑时间	环境温度(℃)	浇筑温度(℃)	约 束 条 件
1 号	2 月底	12 ~ 15	15	受地连墙内衬侧限作用
2 号	3 月初	15 ~ 20	18	1 号块混凝土、填芯混凝土和内衬混凝土约束

续上表

块体编号	浇筑时间	环境温度(℃)	浇筑温度(℃)	约 束 条 件
3 号	3 ~ 4 月	20 ~ 22	20	受内衬和填芯混凝土约束
4 号	4 ~ 5 月	18 ~ 22	20	受内衬、1 号块及 3 号块混凝土约束
5 号	6 ~ 7 月	—	28	受 4 号块混凝土约束

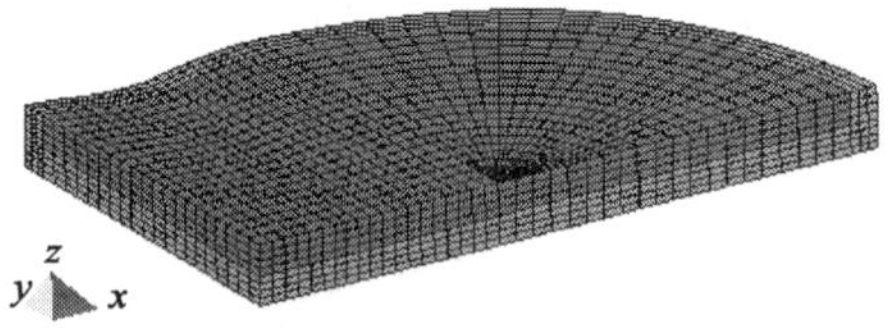

图 6-11　1 号块有限元模型

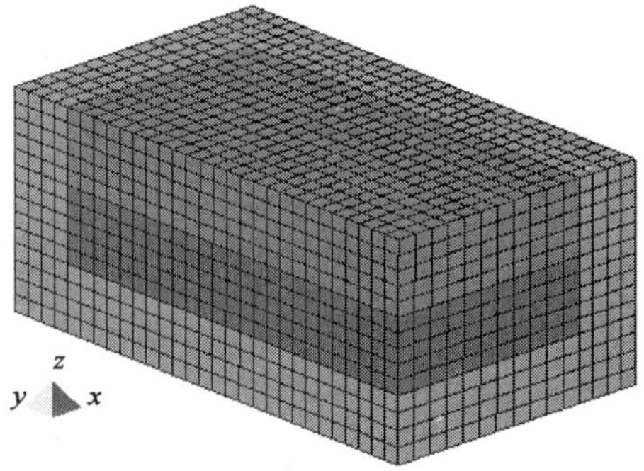

图 6-12　2 号块有限元模型

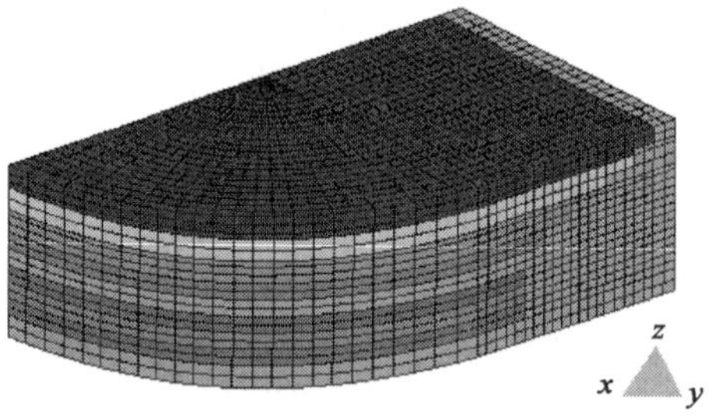

图 6-13　3 号块有限元模型

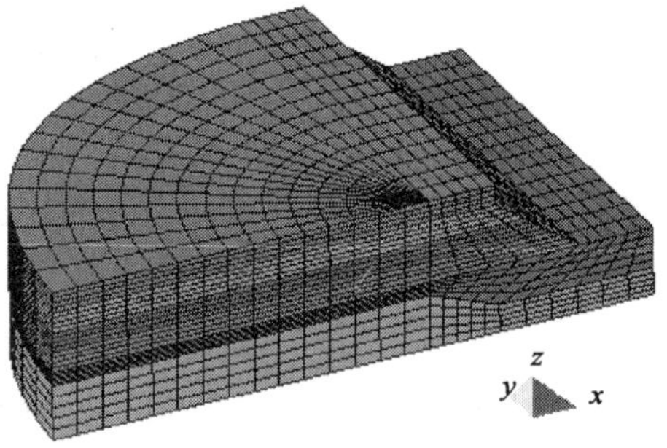

图 6-14　4 号块有限元模型

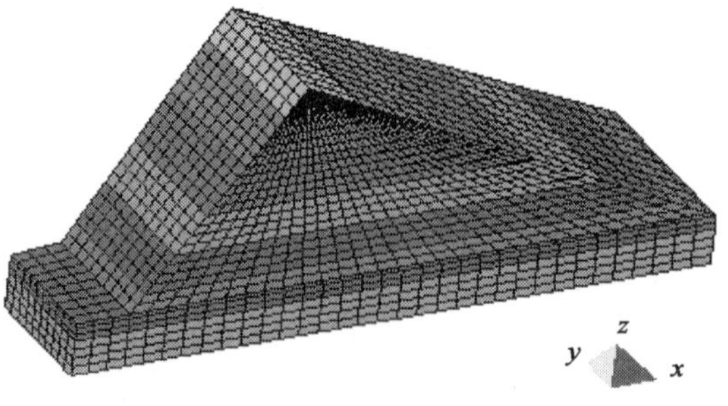

图 6-15　5 号块有限元模型

(2)计算结果及分析

采用温度场、应力场耦合计算技术，根据上述参数和模型，计算了各块体的温度分布的温度应力情况，计算中严格按照各层的施工时间，采用温度叠加、应力叠加的方式进行，图6-16～图6-20给出了各块体混凝土施工期温度应力的包络图，图6-21给出了2号～5号块体各层在不同龄期下的最大温度拉应力，表6-11进一步给出了不同龄期的抗裂安全系数。

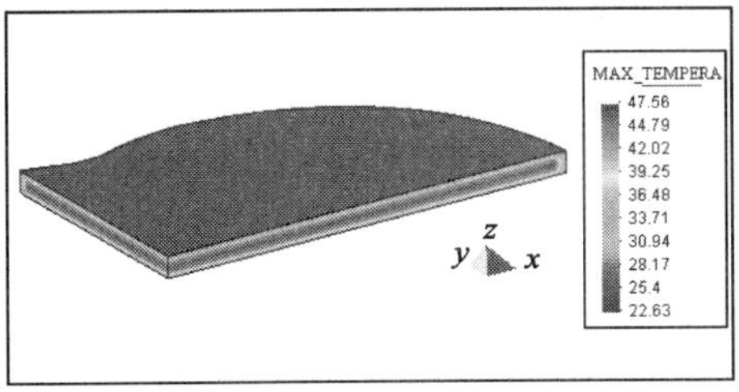

图6-16　1号块最高温度包络图

图6-17　2号块最高温度包络图

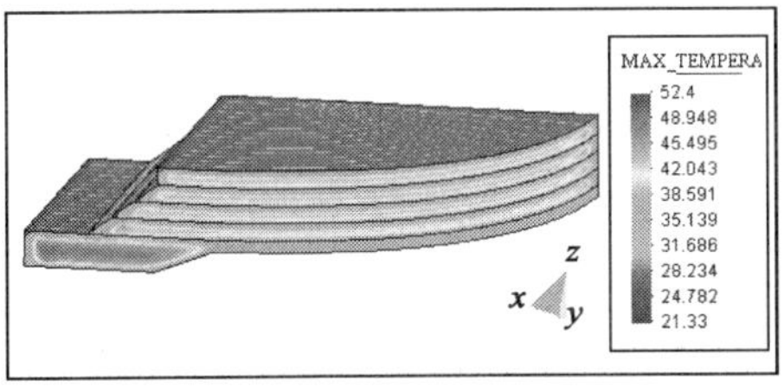

图6-18　3号块最高温度包络图

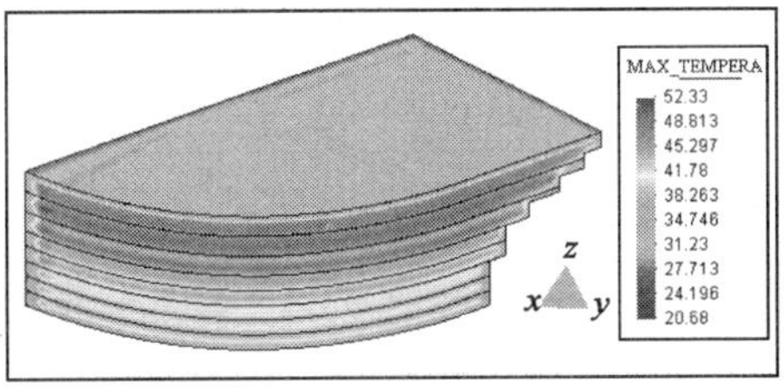

图6-19　4号块最高温度包络图

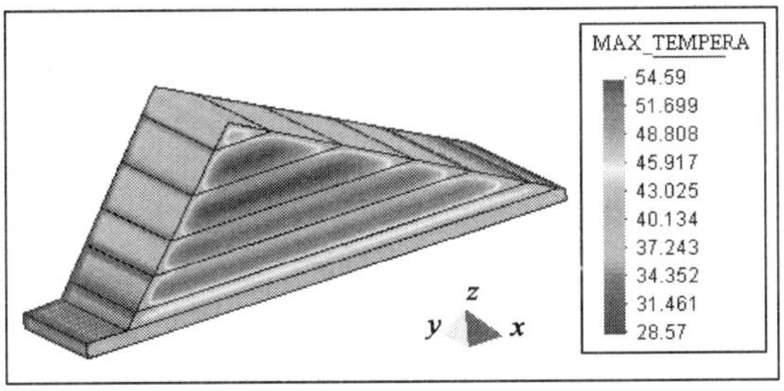

图6-20　5号块最高温度包络图

从上述图表可看出：

①锚体1号块，内部最高温度为47.6℃，温峰出现时间为2～3d。早期温度应力发展较快，3d安全系数1.27，抗开裂安全系数基本满足(根据施工经验，认为抗裂安全系数为1.3时比较安全)；后期温度应力发展稳定，安全系数均在1.4以上，开裂风险不大。因此对于1号块，只需注意早龄期内、表温差的控制，做好

早龄期混凝土保温、保湿养护工作，可保证该大体积混凝土不出现有害温度裂缝。

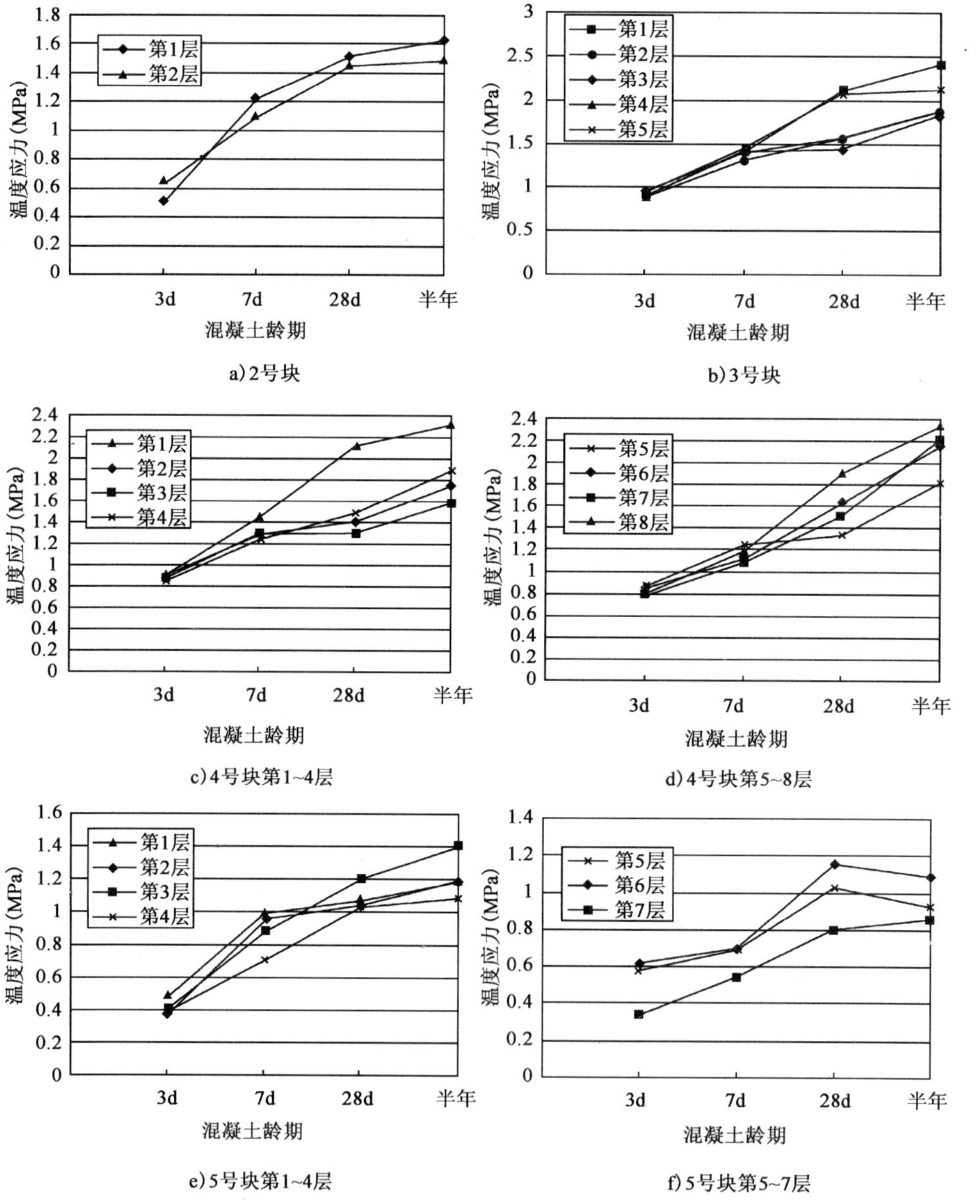

a)2号块

b)3号块

c)4号块第1~4层

d)4号块第5~8层

e)5号块第1~4层

f)5号块第5~7层

图6-21　温度应力随时间变化关系曲线

各浇筑块最小抗裂安全系数　　表6-11

块体编号	3d	7d	28d	半年
1号	1.27	1.47	1.67	1.96
2号	1.7	1.5	1.8	2
3号	1.2	1.24	1.27	1.3
4号	1.21	1.32	1.32	1.37
5号	1.8	1.9	2.3	2.3

②锚体2号块内部最高温度为46.3℃,温峰出现时间为2~3d,与1号块基本相同。温度应力水平较低,安全系数均在1.3以上,开裂风险较小。需注意的问题仍是早龄期内、表温差的控制,做好早龄期混凝土保温养护工作。

③锚体3号块内部最高温度为52.4℃,温峰出现时间为2~3d,温度比1号、2号块要高。结合温度应力结果、C30混凝土抗拉强度可知,锚体3号块安全系数最大为1.3,最小为1.2,抗开裂安全系数略显不足。锚体3号块受约束情况复杂,混凝土交错界面众多,易出现应力集中,需要特别注意结构变截面的影响。温控施工的关键是:a. 浇筑温度的控制;b. 混凝土上表面的保温;c. 混凝土的持续养护。应考虑在第一层厚度变化变截面处设置增强防裂网片,抵御应力集中。控制的重点是早龄期内、表温差的控制及早龄期混凝土保温养护。

④锚体4号块内部最高温度为52.3℃,温峰出现时间为浇筑后第2~3d。锚体4号块温度应力发展的总体趋势是:早期(3d)应力发展较快,后期应力平稳增长,至半年时达到较稳定的应力水平。其中1~3层因受锚体1号块封底约束及3号块的较强水平约束,早期应力水平略高,3d安全系数分别为1.21、1.21、1.24,抗开裂安全系数略显不足。因此在第3层内布设了冷却水管,可尽早(浇筑到水管高程后)通冷却水,加大早期通水流量,尽量降低其内部温升;此外还需着重加强以上三层早期的养护工作,"表面覆盖塑料薄膜+土工布"进行保温、保湿养护,减小混凝土干燥引起的收缩。该块体混凝土后期(7d后)最小安全系数均大于1.3,具备一定的抗开裂能力,需尽量延长各层混凝土表面保温、保湿养护时间。

⑤锚体5号块内部最高温度为54.6℃,温峰出现时间为2~3d。安全系数最大为2.01,最小为1.69,均在1.3以上。控制的重点仍是早龄期内表温差的控制和保温养护工作。

⑥计算结果表明,上文中采用的控制浇筑温度、分层浇筑并配合冷却管的温度控制总体方案是可行的,各块体各层混凝土的温度应力均小于混凝土抗拉强度,并有一定的安全储备。同时,也证明了初拟的分层方案是合理的。

6.5 温度控制方案的实施

6.5.1 混凝土浇筑温度控制

大量的理论研究和工程实践均表明,影响混凝土浇筑温度的主要因素包括混凝土水化热和原材料温度。水化热的控制主要通过优化配合比来完成,而原材料温度的控制则需从施工现场的控制措施入手。由于原材料的温度是随气温变化的,故混凝土的入模温度也要视气温而调整。

《指南》要求混凝土夏季浇筑温度不宜高于25℃,冬季施工期间保证浇筑温度不低于5℃。根据锚体有限元温度应力仿真的计算结果,浇筑温度在30℃以内时,混凝土的温度应力是可控的,考虑到南京四桥锚碇锚体温控难度主要集中在夏季,且南京是著名的"火炉"城市,将浇筑温度控制在25℃以内难度较大,实际按控制在30℃以内执行,即使如此仍需采取若干措施才能达到上述目标。

①水泥温度的控制。锚体施工期间,试验室对入场水泥进行了跟踪测温,基本上能够保证温度低于60℃。温度较高的水泥,在备用储料罐放置一段时间,降温后才允许使用。夏季太阳辐射强度较大,搅拌站贮料罐外壁温度较高,现场通过覆盖织物遮阳,减小了水泥在罐内的温升。

②集料温度控制。集料温度很大程度上决定了出机温度,集料温度受环境温度影响较大,尤其是7~8月锚体施工期间,环境最高温度达38℃,午间受太阳辐射砂石料温度可达到45℃,现场通过对集料搭棚遮阳并于开盘前对碎石洒水淋透降温,可将粗集料温度降至30℃左右,大大降低了集料引起的浇筑温度的升高(图6-22、图6-23)。

图6-22 集料遮阳降温

图6-23 碎石洒水降温

③拌合水温度控制。拌合水温度越低对降低混凝土浇筑温度越有利，工程前期现场采用15℃深层井水，7～8月份为将浇筑温度控制到30℃以下，采用了制冷机组，于开盘前进行对拌合水制冷，直接降低水温，实践证明，这样可将拌合水降至3℃，有利于降低出机温度（图6-24、图6-25）。

图6-24　拌合水制冷降温

图6-25　搅拌车罐体遮阳

④浇筑时段的控制。对于7月及以后时间段的施工，考虑到气温较高，当室外温度高于35℃时，浇筑时间选在夜间，减小了钢筋及模板受热引起的入模温度的升高，对浇筑温度的控制有利。

采用上述措施有效控制了混凝土浇筑温度，具体入模温度见表6-12～表6-14，同时现场混凝土搅拌站距离锚体很近，大大减小了泵车运送过程中的摩擦温升，浇筑温度控制较好。

1～3号块入模温度　　表6-12

编号	1号块	2号块		3号块			
		第1层	第2层	第1层	第2层	第3层	第4层
入模温度（℃）	8.7～11.6	19.3～19.8	14.9～16.3	17.2～17.9	16.0～16.9	21.8～23.3	25.2～26.3

4号块入模温度　　表6-13

编号	第1层	第2层	第3层	第4层
入模温度（℃）	15.8～17.2	14.2～20.6	21.6～22.4	24.4～25.8
编号	第5层	第6层	第7层	第8层
入模温度（℃）	25.5～26.1	24.4～25.8	27.7～29.8	28.1～29.3

5 号块入模温度 表 6-14

编号	第 1 层	第 2 层	第 3 层	第 4 层
入模温度(℃)	29.6 ~ 30.3	24.2 ~ 30.3	26.7 ~ 28.5	28.4 ~ 28.7
编号	第 5 层	第 6 层	第 7 层	—
入模温度(℃)	27.1 ~ 28.2	23.2 ~ 24.8	25.0 ~ 26.2	—

6.5.2 冷却水管的布设及流量控制

(1)冷却水管的布设

根据锚体有限元仿真计算的内部温度分布特征,采用预埋冷却水管来散热降温,合理控制混凝土内温度梯度。在浇筑厚度大于 1m 的混凝土内,沿厚度方向布置 1 层 ϕ32mm 钢壁冷却水管,水管水平间距为 1.0m。每根冷却水管控制最大长度小于 200m,冷却水管进出水口集中布置,以利于统一管理(图 6-26、图 6-27)。

图 6-26 冷却水管布设

图 6-27 分水控制阀门

锚体现场施工过程中,根据各层混凝土仓面大小设置合理的冷却水管回路,冷却水管严格按照温度控制计算的要求埋设,以充分发挥其降温效率。左右幅(上下游)锚体冷却管埋设情况基本相同,工期较前一侧的控温经验用来指导另一侧。

(2)冷却水流量控制

混凝土入模开始水化反应后,冷却水管连续通水能够有效带走混凝土内积聚的水化热,起到抽空温度的目的。

锚体施工期间,受环境温度影响,3 ~ 5 月份浇筑温度可控制在 20℃左右,此时混凝土水化反应速率较慢,一般 110h 左右可达温峰;6 ~ 8 月浇筑温度的升高加快了水化反应速率，一般混凝土经 60h 左右即可达到温峰，所以冷却水管的通水时刻需借助温度监控数据。

在锚体的温度控制过程中，升温期间加大通水流量，尽可能地散热削峰，此阶段必须保证通水的连续性，降温期间调小通水流量，以层流状态缓慢冷却混凝土，避免体积收缩过快产生裂缝。

温度控制冷却水采用深层江水，温度恒定在 20℃左右，进出水温差 5～8℃，削峰降温效果明显。从现场温度监控数据分析，通过仿真计算，制订合理的温度控制措施，良好的通水效果可削峰 4～6℃，一定程度上抑制了混凝土构件由于温度梯度过大引起的有害裂缝。

6.5.3　温度控制监测及效果

为检验施工质量和温度控制效果，掌握温度控制信息，以便及时调整和改进温度控制措施，做到信息化施工，需对混凝土施工期的温度进行监测。除了监测混凝土内温度变化外，还同时对环境气温、冷却水管进出口水温、混凝土浇筑温度等进行了实时监测。

(1)监测方案

为了解锚体各层混凝土内部温度场分布规律，同时给现场温度控制措施提供可靠的依据，根据温度应力仿真计算结果以及浇筑分层要求，在锚体施工过程中预埋 29 层测温元件(图 6-28)。测点的布置按照重点突出、兼顾全局的原则，温度传感器布置在每层混凝土接近中心线位置处，该区域能够代表整个混凝土断面的最高温度分布。在平面内，由于靠近表面区域温度梯度较大，因此测点布置较密，而中心区域混凝土温度梯度较小，因此测点布置较少。

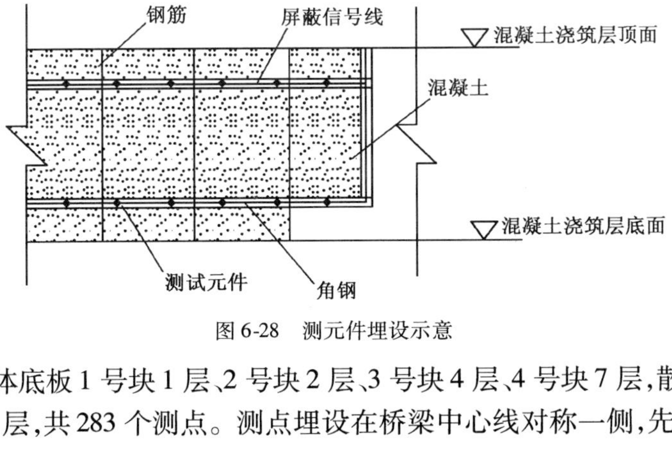

图 6-28　测元件埋设示意

其中锚体底板 1 号块 1 层、2 号块 2 层、3 号块 4 层、4 号块 7 层，散索鞍支墩 8 层，上锚块 7 层，共 283 个测点。测点埋设在桥梁中心线对称一侧，先浇筑一侧的数据用来指导另外一侧的温度控制。测点布置情况如图 6-29 和图 6-30 所示。

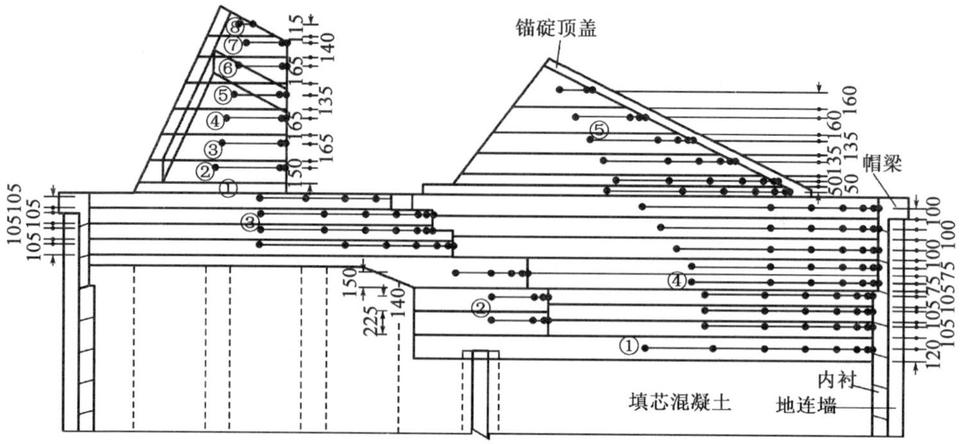

图 6-29 测温元件立面布置(尺寸单位:cm)

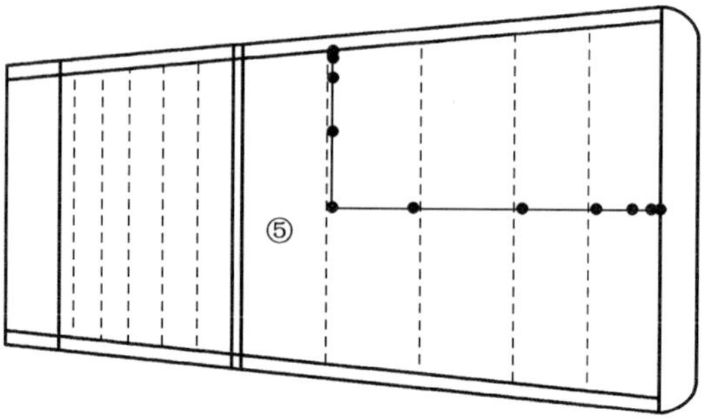

图 6-30 测温元件平面布置

温度检测仪采用 JG“Y”-100 型智能化数字多回路温度巡检仪,温度传感器为 PN 结温度传感器。智能化温度巡检仪具有数据自动记录和数据掉电保护、历史记录查询、实时显示和数据报表处理等功能,测量结果可直接用计算机采集,人机界面友好,并且测温反应灵敏、迅速,测量准确。

各项测试工作在混凝土浇筑后立即进行,并且连续不断。混凝土的温度监测频率为:峰值出现以前每 2h 监测一次,峰值出现后每 4h 监测一次,持续 5d。之后每天测 2 次,直到温度变化基本稳定。

(2)监测结果及分析

锚体底板 1 号块混凝土内各测点在整体上表现出先升后降的趋势(图 6-31)。靠近内部点温度普遍较高,边缘点温度较低,这是因为混凝土内部散热慢、边缘与环境接触散热快的缘故。初期20h混凝土处于水化反应准备阶段，温度上升比较缓慢，随着水化反应的开始以及水化热的相互传递，各测点温度快速上升，于110h左右陆续到达温峰值。

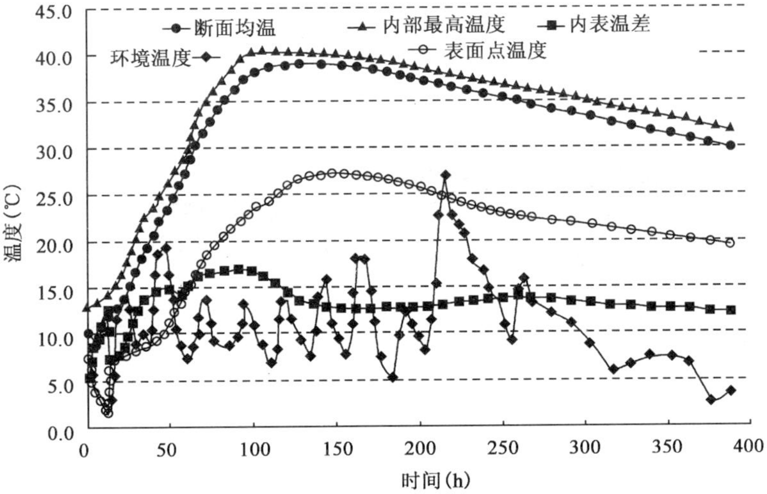

图6-31　1号块混凝土内温度变化曲线

各测点温升曲线还与浇筑顺序有关，由于单次浇筑方量大，为保证浇筑过程中不出现冷缝，现场分左右幅梯度布料，先浇筑的左幅部分到达温峰时间较前，同时左幅混凝土水化放热也加速了右幅水化反应的进行。温峰过后各测点温度处于缓慢下降阶段，降温速率控制较好。内表温差曲线大体上与断面均温曲线相似，但也有其特殊性。混凝土浇筑期间，各测点覆盖时间不同，水化反应开始时间亦不同，升温期内表温差逐渐增大，当各测点陆续到达温峰，开始降温时，内表温差逐渐缩小。后期表面点散热容易，降温速率较内部点快，导致内表温差又出现上升的趋势，300h左右内表温差基本趋于稳定。监测期间环境温度变化较大，对表面点降温速率有一定的影响，但对混凝土整体温度影响不大。

底板2号块第1、2层内部温升情况基本相同，各测点温升曲线表现一致，均表现为前期升温快，达到温峰后维持一段时间，后又缓慢下降至稳态，混凝土在此过程中经历了水化升温和散热降温两个过程(图6-32)。第1层的温度峰值在90h左右，第2层于100h左右到达温峰，温峰过后降温速率控制在1～1.5℃/d之间。靠近混凝土内部点温度较高，边缘点温度较低。内表温差与断面均温在曲线走势上较为一致，随着水化反应的进行，内表温差逐渐增大，温峰过后，混凝土内部降温缓慢，模板边缘降温快，此时内表温差达到最大值23.3℃，基本处于温度控制标准范围内。

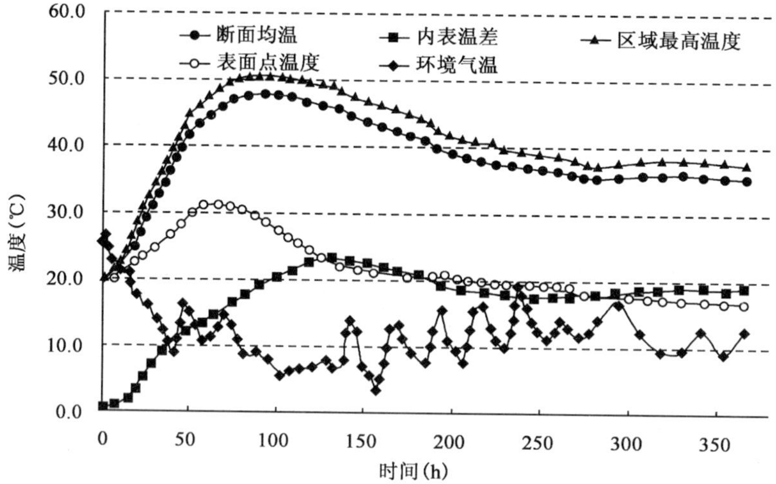

图 6-32　2 号块混凝土内温度变化曲线

3 号块混凝土均经历了快速上升、强制冷却、缓慢降温至稳态三个过程。在初期 10h,混凝土基本维持浇筑温度,随着水化反应的发生,混凝土内各测点温度快速上升,前 3 层在 90 ~ 110h 之间各测点陆续到达温峰(图 6-33)。第 4 层混凝土浇筑温度较高,加速了水化反应的反应速率,故各测点在 65h 左右即陆续到达温峰(图6-34)。由于冷却水管的降温作用,有效地将温峰控制在42.7 ~

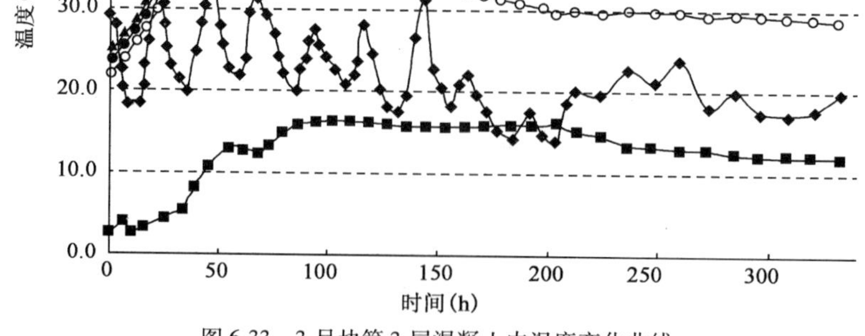

图 6-33　3 号块第 3 层混凝土内温度变化曲线

53℃，温峰过后混凝土内温度开始下降，在150～300h后停止通水，进入自然降温过程，降温速率控制在1～2℃/d，温度下降比较平缓，有利于混凝土内应力的释放。

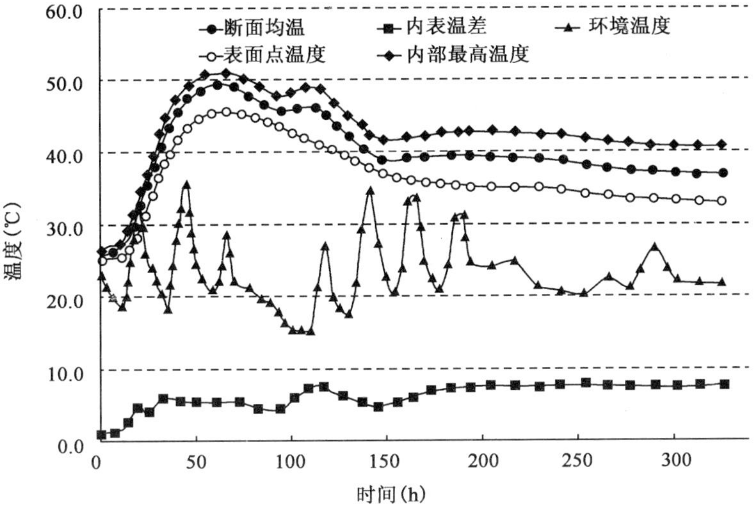

图6-34　3号块第4层混凝土内温度变化曲线

内表温差与断面均温曲线变化趋势较为一致，随着水化反应的进行，混凝土内温度快速上升，表面点散热快，温升较小，因此内表温差逐渐增大，100h左右随着水化反应的完成，内部温度开始下降，此时表面点温度基本稳定，内表温差缓慢减小，300h左右内表温差基本趋于稳定。第1层最大内表温差20.7℃，第2层由于加强的通水降温，内外温差(250h)左右基本稳定在9℃左右，第3层最大内表温差为16.3℃。

4号块前3层布置有冷却管，浇筑厚度相同，温度变化趋势也基本一致，总体上也经历了快速上升、强制冷却、缓慢降温至稳态三个过程(图6-35)。只是由于入模温度有所差别，各层的温峰到达时间不同，第1层于70h左右到达温峰，第2层于100h左右陆续到达温峰，第3层64h到达温峰。在冷却水管的强制降温作用下，温峰过后混凝土内温度开始下降，降温速率控制在1～2.5℃/d，降温速率控制较好。在温度上升阶段，表面点由于散热容易温升较小，因此内表温差逐渐增大，混凝土内温度达到峰值时内表温差也达到最大。降温阶段，随着内部温度的下降，内表温差逐渐减小，250h左右内表温差基本趋于稳定，维持在10℃以下，温度控制效果良好。

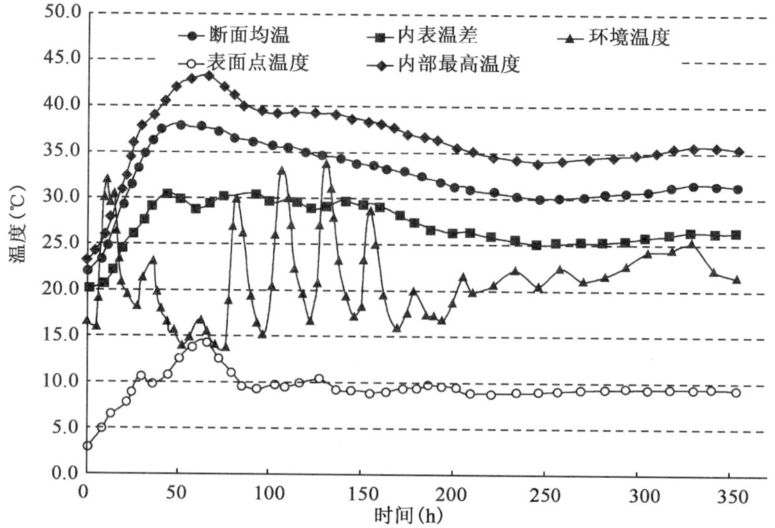

图 6-35　4 号块第 3 层混凝土内温度变化曲线

4 号块第 4 ~6 层混凝土内由于没有冷却水管的强制降温作用，各测点温升曲线基本与理论水化热温升曲线一致（图 6-36）。混凝土入模 10h 后混凝土内各测点温度呈快速上升趋势，基本每 2h 上升 1℃左右，于 80h 左右陆续到达温峰。各测点温度在温峰维持 8h 后，开始处于缓慢降温阶段，降温速率控制在1 ~2℃/d。200h左右各测点温度基本趋于稳定，250h时随着上层混凝土的

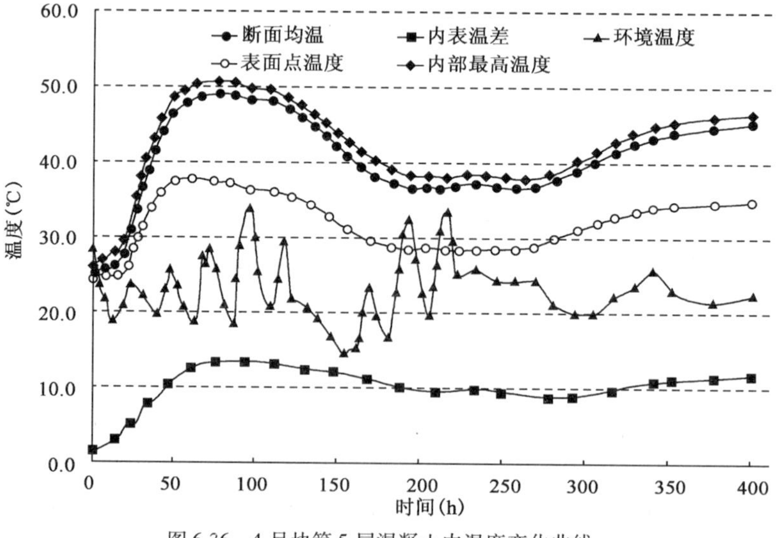

图 6-36　4 号块第 5 层混凝土内温度变化曲线

浇筑,水化热的传递导致该层混凝土整体温度出现一定的回升,其中内部点温度波动较大。

5 号块第 1、2 层混凝土浇筑厚度接近,浇筑温度、最大温升,温峰出现时间基本一致。各测点温升曲线走势较为一致(图 6-37),大致可分成快速升温、强制降温、自发散热至稳态三个阶段。各测点于 50h 左右陆续到达温峰值,断面最高温度 53.6℃,基本与仿真计算吻合。各测点温度在峰值持续 4h 后,在冷却水管的强制降温作用下开始处于降温阶段,降温速率维持在 2 ~ 3℃/d。100h 左右现场停止通冷却水,混凝土处于自发降温阶段。200h 左右,混凝土整体温度基本稳定,内表温差亦维持在 8℃ 左右。在整个温控周期内,内表最大温差 17.4℃。

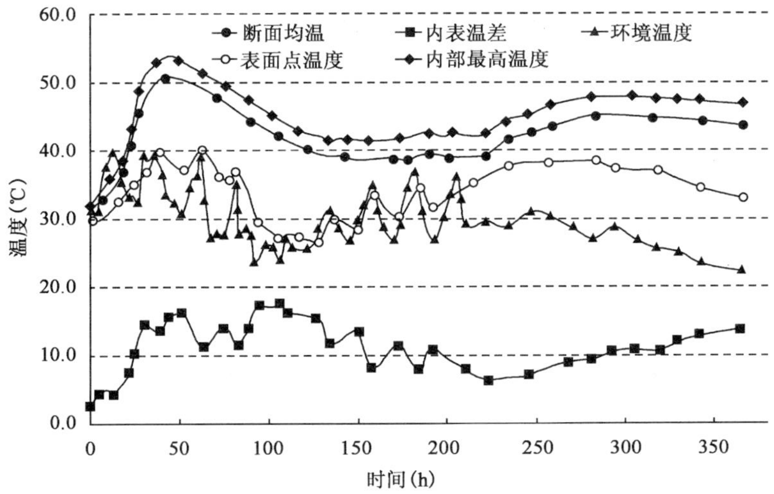

图 6-37　5 号块第 2 层混凝土内温度变化曲线

5 号块第 3 ~ 7 层,52h 左右陆续到达温峰,断面最高温度 55.2℃,在冷却水管的强制降温作用下,断面均温开始处于下降阶段,内部点降温缓慢,整个阶段持续时间较长,270h 左右各测点区域混凝土温度基本趋于稳定,在整个温控周期内,内表最大温差 21.5℃。图 6-38 为 5 号块第 4 层混凝土内温度变化曲线。

表 6-15 ~ 表 6-17 给出了温度裂缝控制最为关键的内、表温差情况,由表可看出,各块体各层的最大内、外表温差均基本控制在《指南》要求的范围内,为锚体混凝土的防裂创造良好的条件,也证明了采用 6.4 节所提出的温度控制方案是可行的。

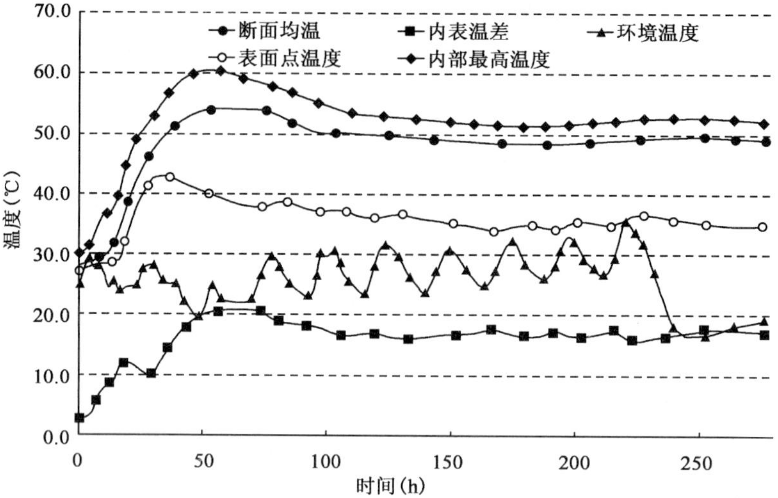

图 6-38　5 号块第 4 层混凝土内温度变化曲线

1～3 号块最大内外温差温度　　表 6-15

编　　号	1 号块	2 号块		3 号块			
		第 1 层	第 2 层	第 1 层	第 2 层	第 3 层	第 4 层
内外温差（℃）	17.1	23.3	18.5	20.7	9.7	16.3	7.7

4 号块最大内外温差温度　　表 6-16

编　　号	第 1 层	第 2 层	第 3 层	第 4 层
内外温差(℃)	12.6	15.8	14.5	13.6
编　　号	第 5 层	第 6 层	第 7 层	第 8 层
内外温差(℃)	13.7	14.8	16.8	16.9

5 号块最大内外温差温度　　表 6-17

编　　号	第 1 层	第 2 层	第 3 层	第 4 层
内外温差(℃)	17.4	14.8	17.4	17.1
编　　号	第 5 层	第 6 层	第 7 层	—
内外温差(℃)	21.3	21.5	18.2	—

6.6　混凝土的养护

南京长江四桥锚体施工期为3月中旬到10月初,施工期跨越夏季,易受极端天气影响,这对混凝土强度的稳定发展提出了较高的要求。锚体混凝土的养护措施与施工环境和结构设计要求有关。

锚体底板1~4号块施工期主要集中在3~6月,底板施工仓面较大,同时受基坑约束,结合现场实际情况,采用了上表面整体蓄水养护,养护水由冷却水管出水提供,出水温度维持在25~30℃,进、出水管温差5~10℃,蓄水养护3d,待温峰过后拆除侧面模板,上表面养护水直接排至后浇带进行侧面保湿养护,有利于混凝土强度的稳定发展,待上表面凿毛、清查完毕后,覆盖土工布并且定时洒水保湿养护,整个底板施工期间混凝土保持湿润状态,保证了胶材的完全水化(图6-39)。

混凝土浇筑至地面以上部分时,上表面抹平、压光并及时覆盖土工布养护,3d龄期后,回填砂子长期保湿养护,可有效避免干缩缝的产生,还可起到保护成品混凝土的作用(图6-40)。

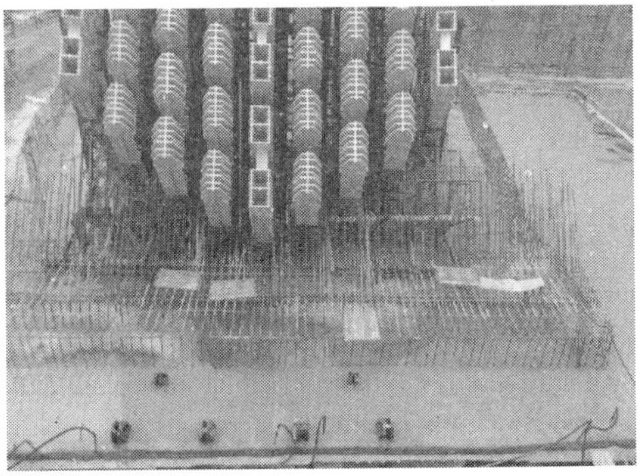

图6-39　底板仓面蓄水养护

图6-40　地面部分回填砂子养护

本章参考文献

[1] 中国建筑材料科学研究院. 大体积混凝土有害裂缝控制及施工工艺研究[R]. 南京:2009.

[2] 南京长江第四大桥建设指挥部. 南京长江第四大桥主缆锚固区及索塔混凝土施工指南[R]. 南京:2009.

[3] 分布传力锚固系统设计施工关键技术研究(第三册 施工关键技术)[R].南京:2011.
[4] 中交二航局南京长江四桥项目部.南京长江第四大桥南锚施工技术总结[R].南京:2011.
[5] 中交二航局南京长江四桥项目部.南京长江第四大桥北锚施工技术总结[R].南京:2011.
[6] 牛和恩.虎门大桥工程[M].北京:人民交通出版社,1998.
[7] 武汉绕城公路建设指挥部.武汉阳逻长江大桥工程技术总结[R].北京:人民交通出版社,2009.
[8] 江苏省长江公路大桥建设指挥部.江阴长江大桥工程建设论文集[C].北京:人民交通出版社,2000.